親の期待に応えなくていい

鴻上尚史

小学館
Youth
Books

はじめに

あなたは「親の期待」が重いですか？

「親の期待」に応えようとして無理をしていると感じますか？

「親の期待」にずっと苦しめられていますか？

もし、「親の期待」が全然、しんどくないなら、この本を読む必要はありません。

『親の期待』は分かってるけど、全然、関係ないよ。私は私のやりたいことをやるんだから」と、胸を張って言える人は、素晴らしい人です。

「親の期待」ではなくて、あなたが「自分の考え」で自分の人生を生きることは、とても素敵なことです。心から応援します。

でも、もし、あなたが「親の期待」に押しつぶされそうになっていたり、「親の期待」を優先して本当にやりたいことを我慢しているとしたら、この本を読んで、「親の期待」から自由になってほしいと思います。

あなたの人生は一回しかないのです。たった一回の人生を、「親の期待」に振り回されて生きるのは、とてももったいないことだと僕は思っています。
この本はそのための方法を書きました。

どうして「親の期待」に応えようとしてしまうのでしょうか。
いくつか考えられる代表的な理由を挙げてみましょうか。

1「親を喜ばせたい。がっかりさせたくないから」

2「親が一番自分のことを分かってくれていると思うから。親は自分のためを思ってくれているのが基本だと思うから」

3「特に自分に目標があるわけではないから。他に選択肢《せんたくし》がないから」

4「自分たちのようになってほしくないと言われるから。お金に困るような人生を送ってほしくないと言われるから」

5「期待に応えないと罪悪感を覚えるから」

……などでしょうか。

どうですか？　あなたが「親の期待」に応えてしまう理由はこの中にありますか？　ひとつひとつ、どう向き合い、どう解決していけばいいか、これから書きますね。

また、この本は、「中高生とその親世代」を読者として考えよう、と担当編集者に言われました。

「親の期待」に苦しめられている中高生だけではなく、「親の期待」をつい押しつけてしまうことに苦しんでいる親にも、そこから自由になる本になればいいと思って書きました。

親として、子供に「親の期待」を押しつけている人は、じつは、自分の親から同じように「親の期待」を押しつけられて苦しんでいる場合がけっこうあります。

自分が「親の期待」を押しつけられたから、自分も「親の期待」を子どもに押しつけてしまう、という場合です。

子供からしたら、自分の親が、その親（つまり、おじいちゃん・おばあちゃん）の期待に振り回されているなんて、ちょっと想像できないことかもしれません。でも、決して珍しいことではありません。

それぐらい「親の期待」は、深く私たちを縛っているのです。

それは、魔法の呪文のような強さといっていいかもしれません。


それにはもちろん、理由があります。ゆっくりとその秘密を解いていきましょう。

あなたが、親のためではなく、自分のための人生を生きたいと思ったら――そのことがどんなに大切なことで、どんなに素敵なことで、どんなにあなたの人生を豊かにするかを解説し、応援するためにこの本を書きました。

それでは、「親の期待」から楽になる旅を始めましょう。

親の期待に応えなくていい●目次

第1章

親という「同調圧力」

「落とし所」を見つける関係

「親を喜ばせたい。がっかりさせたくないから」という理由で「親の期待」に応えたいと思うことをどうしたらいいか、ということから話を始めましょう。

まず大切なことは、「親の期待に応えなくていい」ということは、別に「親を無視しろ」とか「親を拒否しろ」と言っているのではありません。

親を大切にすることと、親の期待に応えることはイコールではないのです。

逆に言えば、親を大切にしながら、「親の期待」に応えないという生き方がある、ということです。

この点を混同して考えてしまうと、あなたは苦しむことになります。

どういうことか、順番に説明しますね。

親子関係は、最も濃い人間関係だといえます。うっとおしかったり、たまらなかったり、喜怒哀楽の感情が豊かというか濃いですよね。

あらゆる人間関係の原点といえるでしょう。

人間関係はコミュニケーションによって成り立っています。

あなたはコミュニケーションが得意ですか？

「コミュニケーションが得意な人」というのは、「誰とでもすぐに仲よくなれる人」というイメージがありますが、じつは、そうではありません。

コミュニケーションが得意な人とは、「もめた時になんとかできる能力のある人」のことです。

人間が真剣に何かをしようとしたら、もめます。

問題を分かりやすくするために、「親子関係」ではなく、まず「友人関係」で説明しますね。

あなたが友だちとどこかに遊びに行く相談している時、もめたくなければ、自分の希望を言わないことです。

あなたは本当は遊園地に行きたいのに、友だちが海に行こうと言って、内心「嫌だなあ。海には行きたくないなあ」と思っていても、あなたが相手を「喜ばせたい」「がっかりさせたくない」と思っていたら、いちばん簡単な方法は、あなたが自分の本心を言わないことです。

つねに微笑み、うなづき、相手に合わせていれば、もめることはありませんし、相手を怒らせることもありません。

でも、それであなたは平気でしょうか？

1回や2回我慢するのなら、なんとかなるかもしれません。

でも、毎日あなたが「本当の自分の気持ち」を黙って相手に合わせていたら、ものすごくつらくなるんじゃないでしょうか。ずっと自分の本心に嘘をつき続けないといけないんですから。

じゃあ、こういう時はどうしたらいいと思いますか？

あなたが友だちと遊びに行く相談をしている時に、友だちは「海に行きたい」と言い、別の友だちは「公園に行きたい」、さらに別の友だちは「ショッピングモールに行きたい」、最後にあなたが「遊園地に行きたい」と言った場合です。

まず、それぞれが、自分の希望を言うことがスタートです。ここで我慢していては、何も始まりません。

この場合は、４人がちゃんと意見を言っていますから、それだけでも素敵なことです。こういう時、４人が全員、奇跡的に「海に行きたい！」なら、何の問題もありません。でも、相手に気をつかって本心とは違うことを言わない限りは、なかなかそうはならないでしょう。

で、４人がバラバラなことを言った時、話すのをあきらめたり、誰かが我慢したり、ワガママな一人の意見をごり押ししたりしては、お互いが本当に友だちにはならないと思うのです。

仲がいいふりをして、本当は友だちでもなんでもない場合もありますが、どうせなら、本当の友だちになりたいと思いませんか。

本当の友だちになるためにはどうしたらいいんでしょうか？

それは、「自分の言いたいことを我慢して」なるものでしょうか？

常に相手に合わせることが、友だちの条件でしょうか？

違いますよね。遊園地に行きたいのに、嘘をついて「海に行きたい」という関係ではないですよね。それは友だちではなく、物語に出てくる「ご主人様と奴隷」とか「王様と家来」の関係ですね。どちらかが一方的に我慢《がまん》したり、無理をしたり、いつも気をつかっているのは友だちではありません。

ですから、本当の友だちになるためは、やることとは、とにかく話し合うことです。

ここから本当のコミュニケーションが始まるのです。

ムッとしたり、すねたり、怒ったり、泣いたりしても（まあ、なるべく冷静な方がいいですが、どんなになっても）、とにかく話し合いを続けることです。

話し合って、お互いが少しずつ妥協《だきょう》して、譲って、我慢して、うまい「落とし所《どころ》」を見つけるのです。

「落とし所」とは、それぞれが同じ分量だけ我慢したり、引いたり、納得した場所です。ベスト（best）ではないけれどベター（better）な解決策です。「最高」の解決方法じゃなくて「ましな方法」ですね。

ワースト（worst）ではなくてワース（worse）、なんて言い方もします。「最悪」ではないけれど、「わりとダメ」な方法です。

どうして「わりとダメ」な解決策を選ぶのでしょうか？

そうしないと、０（最悪）になってしまうからです。

この場合の「最悪」は、「相談しているうちに、みんながケンカして仲が悪くなってグループ自体がなくなった」ですね。そこまでいかなくても、「落とし所」をあきらめると、「結局、みんなどこにも行かなくて、嫌な気持ちになっただけで、それぞれの家で一人でゴロゴロした」です。とってももったいないでしょう。

だから、それぞれが同じぐらい少しずつ我慢した、各人がまあまあ満足できる「落とし所」を見つけるのです。

難しいのは、「落とし所」を見つけるやり方に、分かりやすい簡単な方法はない、ということです。こうやれば必ずうまくいくという、スマホの操作マニュアルみたいなものは、残念ながらありません。

「遊園地」「海」「公園」「ショッピングモール」と行きたい所が分かれた時に、例えば、「海じゃなくて、プールのあるショッピングモールもありそうな大きな遊園地に行く」とか「今週は遊園地に行って、来週海に行って、再来週ショッピングモールと公園に行く」とか「話し合いに疲れたからジャンケンで決める」とか「思い切って誰も言わなかった山に行く」とか、どれを選んでも、これがベストだと胸を張って言える「落とし所」はないのです。でも、繰り返しますが、ベターな解決策は、0（最悪）よりははるかにましなのです。

だから、話し合うのです。大切なことは、「誰か一人だけがいっぱい我慢しない」ということです。これだけがルールです。

親を大切にすること≠期待に応えること

さて、この「友人関係」を「親子関係」に当てはめると、どうなるでしょうか。

僕はずっと、雑誌とネットで「人生相談」をしています。

その中で、「自分は女性で、好きになる相手も女性」という人からの相談を受けました。

ＬＧＢＴという言葉は知っていますか？　「性のあり方」はとても多様だということ

とが、最近ようやく、広く理解されるようになってきました。それにつれて、今までずっと心の中に秘めていたことを親に向かって言う人も増えました。

日本では、統計によって数字のばらつきはありますが、自分をＬＧＢＴなどの性的少数者だと思っている人の割合は、人口の８％から10％だといわれています。10％でしたら、10人に１人ということです。

友だちの例は「どこに遊びに行くか？」という楽しいものでしたが、自分が「性的少数者」だと親に言うことは、とても大変な緊張感があるものになるでしょう。

僕に相談をした人は、仮にＡ子さんとすると、Ａ子さんは、「早く孫の顔を見せてほしい」という「親の期待」がつらかったと嘆《なげ》いていました。

母親は、娘が男性と結婚して、子どもを早く作ってほしいと思っているんですね。

Ａ子さんは、ある日、親に「自分は女性が好きなんです」とカミングアウトしました。すると、母親は一切、口をきかなくなったといいます。一緒に住んではいなかったのですが、電話はもちろん、ラインで連絡しても、メールを送っても、何の返信もありませんでした。

父親は連絡をくれたそうです。父に母親の状態を聞くと、母親はすごいショックを受けていて、「娘には絶対に普通の結婚をさせる、そうじゃなければ口をきかない」と言っている、と教えてくれたそうです。

でも、A子さんは女性が好きなので、母親が望む結婚をするつもりがありません。

5年以上たって、母親はようやく、ラインやメールを返すようになりました。電話もしました。でも、そこで母親が毎回言うのは、「早く普通の結婚をして。孫の顔を見せて」でした。そのたびにA子さんは深く傷つき、絶望しました。A子さんの、男性と結婚するつもりはないという思いを、母親はいっさい聞いてくれないからです。

母親は、LGBTがどういうものかということを全く理解しようとしてなかったのです。

昔、LGBTは病気だと思われていた時代がありました。その頃は、とてもひどい暴力や行為が「治療《ちりょう》」という名で行われていました。

今は、LGBTは病気でもなんでもない、それは治療する対象ではないし、そもそも治療できるものではないと分かってきました。

でも、母親は最近の医学的な情報も無視して、Ａ子さんに「早く男性と普通の結婚をして、孫の顔を見せてほしい」と言い続けているのです。

Ａ子さんは、「もう母親に自分のことを理解してもらうことはあきらめている」と言います。母親は、自分の娘がＬＧＢＴであると世間に知られたら、どんなことになるのか、近所の人や親戚から何を言われるのか心配でたまらないんだと思う、とＡ子さんは言います。

そして、ＬＧＢＴへの無理解だけではなく、母親は、幸せとは「普通に結婚して子供を生むこと」以外は認めない人なんだ、とＡ子さんは思っています。

でも、Ａ子さんは母親と一緒に食事に行ったり、買い物をしたり、旅行に行きたいと願っているのです。女性が好きだということは認めてくれない母親でも、親子の関係は切りたくないと思っているのです。

なぜなら、母親が好きだから。

これが「親を大切にすることと、親の期待に応えることとはイコールではない」という意味です。親の希望は受け入れられないけれど、でも私は母親が好きで、母親を大切にしたい、とA子さんは思っているのです。

僕は相談の文章を読みながら、A子さんの気持ちに感動していました。

この母親とA子さんのことを、あなたはどう思いましたか？

0か100か、はつらい

本の冒頭からいきなり、大変な親子関係の例を出しました。

そのほうが、「親子関係の問題点」が分かりやすいと思ったからです。

親がどうしても受け入れたくないということを子供が言うことは珍しくないです。

「ミュージシャンになりたい」「俳優になりたい」「シェフになりたい」「外国に留学したい」「ＹｏｕＴｕｂｅｒになりたい」などなど。

親によっては、「それは絶対にダメ！」とすぐに言ってしまう人もいるでしょう。

あなたの親はどうですか？

そんな時、友だちの例で出したように、やることは、粘り強く話し合うことしかないのです。

親ともまた、コミュニケーションをとるしかないのです。

一部の親は、コミュニケーションとは「子供を説得すること」だと思っています。

でも、もう「友人関係」の所で分かりましたね。

コミュニケーションとは、お互いの意見がぶつかった時に、うんうんとうなりながら、お互いが納得するベターな「落とし所」を見つけることなのです。


いきなりの質問ですが、A子さんとA子さんの母親では、どちらが大人だとあなたは思いますか？

母親は、０か１００の人です。

自分の思っていることが通らなければ、それで終わりです。

でも、人生は46点とか89点とか63点とかで生きていくものじゃないかと僕は思います。

だって、０点はわかりやすい失敗です。でも、１００点じゃない人生は全部失敗で、

46点も89点も0点と同じと決めているのなら、しんどい人生だなあと思います。

スポーツで、優勝以外はゴミで、準優勝とかベスト8に入っても、それは一回戦敗退と同じなんだと決めている人みたいです。

一見、かっこいいように感じますが、こんな人生をずっと生きていくのはすごくつらいと思います。だって、常に100点なんて、ありえないと思うからです。

母親は、娘が「普通」の結婚をして、孫を見せるという人生が100点で、それ以外はすべて0点、失敗だと思っている人です。

娘であるA子さんは、「女性が好きである」ということは認めてもらえなくても、母親と一緒に買い物に行って楽しい話をしたいという、78点とか43点とか12点(人によって点数の感じ方は違うでしょうが)の人生を生きたいと思っている人です。

A子さんのような人を、コミュニケーション能力がとても高い人というのです。

「もめた時になんとかできる能力のある人」がA子さんです。

母親は残念ながら、コミュニケーション能力がとても低い人です。いえ、コミュニケーションを拒否している人といえるでしょう。ですから、コミュニケーション能力

０です。

女性が好きだと告白して10年たっても、母親は「いくつになっても女は適齢期《てきれいき》」というラインをＡ子さんに送ってきたといいます。「適齢期」というのは、「結婚するに相応しい年齢」という意味で、昔、よく使われました。

このままだと、母親はＡ子さんと何のコミュニケーションもとれないまま、人生を終わるでしょう。自分の考えにこだわるあまり、つまり、１００点を求めるあまり、０点になってしまうのです。

友だちの例で言えば、自分は「海に行きたい」と決めていて、それ以外の場所の話し合いにはいっさい応じない人です。海以外のことになったら黙ってしまって、コミュニケーションを拒否する人です。それは他の３人に対してとても失礼だし、本人にとっても、つまらない人生になると思います。

友だちの例で考えると、「この母親は心がせまいんじゃないだろうか」とか「頑固っていってもいいんじゃないだろうか」とわかると思います。

いきなり親子関係で説明を始めると、「それが親の愛情だ」とか「愛の深さ」だとか言う人が出てきます。

「母親はA子さんのことを子供として愛しているから、そういう態度をとってしまうんだ、それはしょうがないことなんだ」と言う人です。

それは、「親の期待」に応えてしまう理由の2番目「親が一番自分のことを分かってくれていると思うから。親は自分のためを思ってくれているのが基本だと思うから」と関係があることですね。

このことは次の章で話すとして、その前に、私たちの体に染み込んでいる「みんな仲よく」について話したいと思います。

伝えなければ苦しみがふくらむ

私たちは、「みんな仲よく」することが一番大切なことだと教えられてきました。

親とケンカするのはもっての他だし、友だちともケンカなんかしない、仲がいいのが一番と教えられてきました。

小学校に入る時には「一年生になったら」の「友だち１００人できるかな」という「いくらなんでもそれはムチャだよ」という歌詞を大声で歌いました。

周りの大人からも、入学すると「友だちできた？」と必ず聞かれました。「学校はどう？」「勉強は楽しい？」という質問とセットで「友だちはできた？」と聞かれませんでしたか？

「友だちはできた？」という質問は、「友だちができることは無条件でいいこと」という思い込みがないと聞けません。

今、あなたは「友だちができることはいいことなんじゃないの？」と驚いたかもしれません。

でも、本当の友だちは、お互いの意見が違っていても、それだけで怒ったり悲しんだりあきらめたりしないで、粘り強く話し、お互いが同じだけ我慢して、同じだけ満足できる「落とし所」を見つけられる人間関係のことだと説明しました。

もちろん、これは大変なことです。

でも、それができるから友だちなんです。

そんな友だちが100人もできるはずがないと思いませんか？　1人できただけでも素敵なことです。数人もいるのなら、奇跡です。どう考えても「一年生になったら」はムチャな歌なのです。

でも、私たちは本当の友だちになるよりも、「ぶつかるぐらいなら我慢しよう」とか「ケンカになるぐらいなら、黙っていよう」と思いがちです。

僕の人生相談に、友だちとぶつかることが嫌だからずっと自分の気持ちを押し殺してきた女子高生からのメールがきました。B子さんとしましょうか。

何か言われて、本当は嫌だと思っているのに、その時は「分かった」とか「それがいい」と答えると、とりあえず、ぶつかることはありません。

でも、それをずっと続けていくと、周りは「B子はなんでも聞いてくれる」「B子は反対しない」と思って、どんどんと要求が大きくなってきたといいます。

友だちのグループでどこかに行く時も、先に行って場所を取っておいてほしいとか、5人グループなら、いつも4人がけのテーブルには座れずに、1人だけ別のテーブルに座るように言われるとか、他の4人にはスケジュールを聞くけどB子さんには全然聞かない、というようなことが起こってきました。

Ｂ子さんは、なるべく苦しみたくない、つらい気持ちになりたくないと思って、その場で、「分かった」とか「それがいい」と受け入れてきました。

ところが、その結果はどうでしょうか？

「Ｂ子は全部受け入れてくれる」「Ｂ子はとても便利だ」と周りに思われて、結果的には、もっと大きな苦しみを経験しているのです。

目先の苦しみを逃れたいと思ってやったことが、結果的により大きな苦しみを生むことになったのです。

これは親子関係にも当てはまります。

お母さんやお父さんを怒らせるのは嫌だと我慢していたり、抵抗すると面倒くさいからと黙って受け入れていると、後々、大きな苦しみと後悔がやってきます。

親は「なんでも言うことを聞く良い子」とか「自分の意見がなさそうだから私が決めないと」と、どんどんエスカレートしていくのです。

ですから、まず、何か嫌だなとか、違うかなと思ったら、そこで口に出すことが大切なのです。それは、ケンカしているわけでも、反抗しているわけでも、拒絶しているわけでもありません。

いいえ、もっとはっきり言うと、ケンカになってもいいのです。

「ケンカをするのは良いこと？ 悪いこと？」と聞くと、クラス全員が無条件で「悪いこと！」と言うと知り合いの小学校の先生が言っていました。

けれど、コミュニケーションとは「もめた時になんとかする能力のこと」と伝えると、ケンカするのは「悪いこと」でも「良いこと」でもなく、その後が大事なんだと考えるようになったと、その人は教えてくれました。「ケンカしている」ということだけで判断してはいけない、ということに小学生は気付いたのです。ケンカしようがもめようが怒ろうが、粘り強く話し続けて、お互いの「落とし所」を見つけることが大切なんだと分かったのです。

友だち関係なら、この考え方は割と受け入れやすいと思います。

そして、この考え方は、じつは「親子関係」も同じなのです。

全部分かる親なんていない

コミュニケーションは、一人一人違う相手と、なんとかつながろうとするための方法です。

あなたは大切な人には、自分の気持ちをなんとか分かってほしいと思いませんか？

相手が大切な人なら大切な人ほど、伝えたいと思いませんでしたか。

それが親の場合もあるし、友だちの場合もあるでしょう。

あなたが一言言っただけで、「オッケー！　もう何も言わなくていいよ！　言いたいことは全部分かったから！　全部、その通りにするから！」と相手が言ってくれれば素敵ですが、そんなことは、友だちはもちろんですが、親でもないと思います。

だからこそ、コミュニケーションをする必要があるのです。

私たちは一人一人違うのですから、相手と違うことを言うのは当たり前です。

あなたと友だちは一人一人違うということは、わりとみんなすぐに受け入れてくれます。

同じように、親と子も違うのです。

でも、「私は子供のことは全部分かるから」と言う親がいます。それがどう間違っているかは第2章で言いますが、あなたも直感として「いや、親だって子供と違うよ。そりゃ、同じ時もあるけれど、私の気持ちはこうでしょって決めつけて、間違っている時も普通にあるもん」と分かるでしょう。

たまに子どもでも「お母さんは私の気持ちがよく分かるから」と言う人もいます。

「よく分かる」と「全部分かる」は別です。

それから、子供にあんまり自分の意志というか気持ちがなくて、全部、親にあわせている場合も「親は私の気持ちがよく分かる」と言います。この話は、第3章でします。

そして、これが大切なのですが、親と子供が考えていることが違っていることは、悪いことでも、間違ったことでもありません。

違う人間なのですから、違うことを考えたり、求めたりするのは当たり前なのです。

ですから、私たちは、違うことが当たり前という前提から、話を始める必要があるのです。

そして、違っている人に自分の思いを分かってほしいと願い、でも、なかなか分かってもらえないから、一生懸命伝えようとするのです。当たり前ですが、私たちは超能力者ではないので、黙っているだけでは伝えられません。

でも、繰り返しますが、私たちは相手と違うことを言うことを、やっぱりためらいます。

対立を避け、「みんな仲よく」していることが一番いいんだと思いがちです。ニコニコと相手のことを受け入れることが一番正しいことなんだと思ってしまいます。

あなたが学校から帰ってきて、親に「○○ちゃんは、わがままでものすごくムカつく。本当に嫌い」と話しても、「でも、○○ちゃんにもいい所はあるんじゃないの。それを見つけてあげればいいのよ」と言われたことはありませんか？

この場合、コミュニケーション能力の高い人のアドバイスだと、「そうなの。それじゃあ、○○ちゃんとなんとかうまくやっていくためには、とりあえず、距離を置いてみたら。完全に無視するわけではなく、今までみたいに無理してたくさん話すわけでもなく、ちょうどいい距離を見つけない？」ということになります。

でも、「みんな仲よく」することが無条件でいいことだと大人も子供も思っているので、「いい所を見つけて仲よくしよう」というアドバイスになるのです。

そして、多くの大人も子供もこのアドバイスに従おうとするのです。

でも、ぶっちゃけ、そんなのは無理です。大人の方がよく知っていますが、「どうしても合わない」という人はいます。性格だったり、考え方だったり、話し方だったり、どうしても「この人、苦手だな」という人はいます。でも、大人の場合は、そういう人と仕事を一緒にしなければいけない、ということが普通にあります。そこでは、「みんな仲よく」と考えるのではなく、「なんとかやっていく方法」を考えるのです。

それは、当たり前のことなのです。

でも、親も先生も子供たちには「みんな仲よく」とアドバイスするのです。

日本の「同質性」

少し前の数字ですが、「日本青少年研究所」という所が『高校生の意欲に関する調査（２００７）』というものをしました。

日本、アメリカ、中国、韓国の高校生の意識の違いです。

「あなたの人生目標は？」という質問に、アメリカで多かったのは、「円満な家庭を築く」、中国は「お金持ちになる」、韓国は、「自分の趣味や興味をエンジョイする」ですが、日本はなんと「たくさんの友だちをもつ」でした。

ちなみに、「偉くなりたいですか？」という質問に「はい」と答えたのは、アメリカ22％、中国34％、韓国22％、でしたが日本はわずか８％でした。

どうして、私たち日本人は、「みんな仲よく」がこんなにも大切だと思うのでしょうか？

僕はそれには理由があると思っています。

日本人は「みんな仲よく」、つまり「仲間であること」をずっと一番重要なことだと考えてきました。

それは、ほんの少し前まで、日本は「みんな同じ」という国だったからです。

大晦日《おおみそか》には、なんのテレビ番組を観《み》ていますか？

ＮＨＫの「紅白歌合戦」を観ますか？

推《お》しが出演していると観るけれど、知らない大人の歌手が歌っていると、とても退屈しませんか？

そういう時は、できるなら別のチャンネルを選んで、お笑いとか別の番組を観たくなりませんか？　それとも、テレビは観ないでネットを見ますか？

あなたには信じられないでしょうが、実は昭和の時代には、紅白に出ている歌手の曲を国民の大多数が知っていた、という時代がありました。

テレビの視聴率でいうと、１９６３年の81・３％を頂点に、１９８４年までずっと70％以上でした。

これがどんなにすごいことか分かりますか？

今では、有名俳優がたくさん出ているドラマでも二桁、つまり10％を超すと、テレビ局の人は大喜びします。一桁代のドラマは普通になりました。

でも、昔は違っていました。

みんなが同じものを観ているのですから、好みや感覚、考え方はみんな同じになります。

これを少し難しい言葉で「同質性」といいます。あなたと私は同じだということです。

昔の日本は、「同質性」がとても強い国でした。

ですから、みんなでどこかに遊びに行こうと相談したら、比較的簡単に「みんなで海に行こう！」と決まることが多かったのです。

昨日の夜、友だちがみんな同じテレビ番組を観ていて、主人公たちが海に行っていたから、私たちも行きたいと全員が思った、なんてことです。

もちろん、内心は「遊園地に行きたいな」と思っていた人もいたはずです。

でも、「みんなが同じドラマを観ていて、海の話題で盛り上がる」という楽しさを前にすると、なかなか、言い出しにくかったのだと思います。

私たちの文化には、この時代の記憶が強く残っていると僕は思っています。

おじいちゃんやおばあちゃんからあなたの親へ、そしてあなたへと無意識に受け継がれていると感じるのです。そもそも、今の大人たちは、「みんなが同じテレビを観て、同じ話題を話す」ということを楽しんだ人たちがまだ多いのです。

それが、大人たちが当然のように「友だちできた？」と聞く理由です。

「みんなでわいわいと楽しんだ」という文化が残っているので、それが当然のことで、とても良いことだと思って、あなたに聞くのです。

もちろん、令和の今、「同質性」は、昭和の時代から比べると弱くなってきました。

みんなの好みがバラバラになったのです。

テレビは観ないでＹｏｕＴｕｂｅを楽しむ人や、ＳＮＳに熱中する人、マンガにハマる人、ゲームに熱中する人、いろんな時間の過ごし方が生まれました。

あなたもテレビを観るより、ネットを見る時間の方が長いかもしれません。

けれど、２０２０年の紅白歌合戦の視聴率は、前半が34・２％、後半が40・２％でした。これが10％ぐらいになっていれば、日本の「同質性」はとても弱くなったと言っていいでしょう。

でも、まだ40％前後の視聴率があるのです。私たちは、まだ、「みんな同じがいい」「友だちが多い方がいい」と考えてしまいがちです。

小学1年生は、みんなランドセルを背負います。これが外国人からすると、とても不思議な光景なのです。

事情がわからない外国人は「日本では、小学1年生はランドセルを背負わないといけない法律があるのか？」と聞きます。「ランドセルにしないと罰金なのか？」と。

でも、あなたも知っているように、そんな法律はないし、罰金もありません。

でも、私たちは自動的にランドセルを選びます。

「同質性」がとても強かった昭和の時代には、男子は黒のランドセル、女子は赤のランドセルと決まっていました。今は「同質性」が少し弱まって、色の種類だけは多くなりました。でも、日本のほとんどの小学校はまだランドセルです。

もし「ランドセルは嫌。自分の好きなバッグを持っていきたい」と思った子供がいても、親や校長先生から「みんなランドセルだから」とか「他の生徒と違うといじめにあうよ」とやんわりとランドセルを買うように言われます。そういう指導は都会より田舎の方が多いです。

子供だけではありません。あなたがやがて大人になって、就職活動というものをする時には、「リクルートスーツ」という、ほとんどが黒一色の格好をするようになります。そうしないと就職活動に不利だと思われているのです。

女性は髪を黒く戻し、みんな同じような髪形で、リクールトスーツを着ます。海外の人が見ると、サイボーグか軍隊の集会のようだといいます。

私たちは、「みんな仲よく」同じ格好をする国に生きているのです。

そして、これが一番の問題なのですが、「同質性」が強いと「同調圧力」というものが生まれるのです。

コロナで見えた「同調圧力」

「同調圧力」――聞いたことがあるでしょうか？

「同調圧力」とは、「みんなと同じになりなさい」という無言の圧力です。

「紅白歌合戦」が高視聴率だった昭和の時代、「男は男らしく・女は女らしく」とか「何歳までには結婚しなければいけない」とか「女は学歴があってもムダになる」とか「男はこうしなければいけない」という無言の命令がたくさんありました。

いえ、じつは今でもたくさん残っています。

例えば友だちといて、友だちが3人ともファストフードでハンバーガーを食べたいと言ったとします。

「ハンバーガー食べたいね」「いいね」「うん、食べよう」と3人が続けて言った時、あなたは実は肉まんが食べたいと思っていたら――「私は、コンビニの肉まんが食べたいから、私一人だけで食べてくるね」と言えますか？

みんなで「じゃあ、マックに行こうよ！」と盛り上がっている時に、「ううん。私は食べたくないから、コンビニ行ってくるね」と言える人は、なかなかいないんじゃないかと思います。

もし、そういう人がいたら、やっぱり「親の期待」に負けないで自分の道を進んでいる人です。

「はっきり命令されているわけじゃないけど、なんとなく、みんなと同じにしないといけない」という感覚が「同調圧力」です。

日本は世界に比べて、とても「同調圧力」が強い国です（この理由は第5章で話します）。

ですから、私たちは多くの場合、同調圧力に従ってしまいます。

「友だち関係」の時、4人がバラバラだったから私たちは話せました。でも、1人が「海がいい」と言って、他の2人も「海、大賛成！」と言ったとしたら、あなたが「遊園地がいい」と言うのはかなりの勇気がいると感じるでしょう。

あなたが意見をひっこめれば、みんながひとつの目標でまとまれると考えてしまうのです。

「みんなと同じ」であることが求められるし、それに従うことが良いことだと思われているのです。

コロナ禍《か》で、欧米は「ロックダウン」という強制的な外出禁止・営業停止を行いました。違反した人は罰金を払わなければいけませんでした。

日本は「緊急事態宣言」という「自粛要請」でした。つまりは、お願いです。でも、あなたも知っているように、まるでロックダウンのように、みんな従いました。

従わない人たちには、「自粛警察」というものが現れました。

県境を越えてくる他県ナンバーの車のチェックとか、東京や大阪など大都市から帰省した人への「帰ってくるな」という警告や、営業しているお店への「店を休め」という張り紙など、「みんなが頑張《がんば》っているんだから、例外は認めない」という強い圧力が生まれたのです。

コロナにかかるより、コロナにかかったと周りから後ろ指をさされる（陰で責められる）ことの方が怖いと感じませんでしたか？

それは、「みんなが仲よく暮らしているのに、コロナなんかにかかるのは集団の和を乱す奴だ」という攻撃でしょう。

つまりは「みんな仲よく」を壊した奴だと思われたのです。

実際に、コロナにかかった人に「裏切り者」と言った人がいた、とニュースになっていました。

多様性の時代

さて、みんなが同じである「同質性」と、みんなと同じことをしなさいという「同調圧力」は分かってもらえたでしょうか？

ちょっと難しかったかもしれませんが、僕が言いたかったのは、「親とぶつかること」が無条件で悪いことのように思わされていることに気付いてほしいということです。

「みんな仲よく」の一番の基本が「親子関係」です。親子関係は、仲よくすることが絶対に正しいことなんだと、みんな思い込んでいるのです。

でも、女性が好きなA子さんの例のように、「どうしても言いたいことがある」時は、ぶつかるのです。

それは、悪いことではないのです。

でも、親に従い、親と仲よくすることが、「自分の希望」よりも大切なことなんだとみんな思いがちなのです。

そう思ってしまう原因が、この国の「同質性」と「同調圧力」だということです。

ずっと「みんな同じ」世界に生きていたので、それが当然で、そうでなければいけないと思い込んでいるのです。

でも、もう「みんな同じ」時代ではないのです。

それどころか、ますます、みんなの好みや意識、価値観（何を大切にするか）は、バラバラになっていくでしょう。

「多様性《たようせい》」という言葉を聞いたことがありますか？

いろんな人がいて、いろんな価値観があって、いろんな方向を目指す人たちがいることです。これからの世界は間違いなく多様性に向かって進んでいくのです。

あなたもそうですが、私たちは、さまざまなものが存在することの素晴らしさを知ってしまいました。

今さら、アニメを見るな、ゲームをするな、真面目な小説しか読むな、ネットは勉強に関係していることしか見るな、テレビは学校と親が許可したものだけ、なんて言ってもそれは無理だと分かるでしょう。

昭和の時代のような、全員が同じテレビ番組を観て、同じものに笑い、同じものに怒り、同じものに泣くという状況に戻ることは不可能なのです。

難しい言葉だと「価値観の多様化」といいます。

一人一人が、大事にしているものが違うということです。

例えば、あなたが公園にいて、目の前で小さな子供が転んで泣いているとします。

思わずあなたが手を差し伸べて立たせてあげた時に、「ウチの子どもは、自分で立つ教育をしているんです。余計なことはしないで下さい」と言われるかもしれません。

もちろん、「立たせてくれてありがとうございます」と感謝されるかもしれません。

どちらが正しいとか間違っているという問題ではないでしょう。それぞれの親が大切にしているものが違うのです。

おじいちゃんやおばあちゃんが、可愛い孫のためにコンビニでお菓子を買って渡すと、「ありがとうございます」と感謝する母親と、「ウチはオーガニックのものしか与えないんです。こういうのは、人工着色料とか保存料とか入っているので、食べさせないんです」と断る母親がいるでしょう。

誰も誰かにいじわるしようなんて思っていません。公園で子どもに手を伸ばすあなたも、孫にお菓子を買うおじいちゃんやおばあちゃんも、みんな善意です。

それでも、価値観が多様化すると、こういうことが起きてくるのです。人それぞれが大切にすることが違ってくるのです。

世界は間違いなく、「多様性」を尊重する方向に進んでいます。あなたが大人になる頃には、ますます「多様性」が重要になるでしょう。さまざまな人がさまざまなものを大切していて、そして、一緒に生きていく社会になるはずです。

だからこそ、「もめた時になんとかする」コミュニケーションの能力が必要なのです。

友だちだけじゃなくて、親ともぶつかることは当たり前のことです。なのに、無条件で「悪」だと思い込んで、いえ、思い込まされていたんだと気付けば、ずいぶん気持ちは楽になると思います。

「親を喜ばせたい。がっかりさせたくないから」といって「親の期待」に無条件で従うことはないのです。

ケンカしてもいいんです。もめてもいいんです。そこからが重要なんです。

最後にもう一回言いますね。

親を１００点満点で喜ばす必要はないのです。63点で喜ばすとか、45点ぐらい大切にしているとかでいいんです。１００点満点で喜ばそうとすると、あなたが無理をして、本当のあなたじゃなくなってしまいます。

０点から１００点の間で、どれぐらいの点数で親を満足させよう、大切にしようと考えて親と話すことが、本当のコミュニケーションなのです。

第2章

「他者」への成長

子育ての目的とは

それでは、親の期待に応えようと思ってしまう2番目の理由、「親が一番自分のことを分かってくれていると思うから。親は自分のためを思ってくれているのが基本だと思うから」ということについて考えましょう。

あなたの親はあなたが生まれた時から、ずっとあなたの世話をしてくれていますか？　だとすると、「親が一番自分のことを分かってくれていると思う」というのは正しいと思います。

ずっとあなたを見ていれば、あなたの長所や短所、好き嫌い、得意なことと苦手なことを知ることになるでしょう。

あなたの親があなたをちゃんと愛していれば、「親は自分のためを思ってくれているのが基本」ということも事実でしょう（もちろん、子供を愛してない親、または愛し方がヘタな、または間違っている親もいます。この話は後からします）。

最初にいきなりの質問ですが、「子育て」とは何だと思いますか？

あなたが子供でも、「子育てとは何か？」を考えてくれませんか。

一般的には、「子育て」は「子供を守り、大切に育てること」だと思われています。

衣（オシャレでナイスな洋服）・食（美味しくて栄養のある食事）・住（安心で快適な家）を与えることが「子育て」だということですね。

でも、僕は「子育て」とは、「子供を健康的に自立させること」だと思っています。

「健康的に自立」というのは、少し難しい言い方ですね。

「自立」とは、文字通り、「自分で立つ」ということですが、経済的な自立と精神的な自立の二種類があります。

いつまでも親に頼ることなく、自分でちゃんとお金を稼《かせ》げる人になることが「経済的自立」です。

いつまでも親に頼ることなく、自分でちゃんと考えて、自分で判断して、自分で結果を引き受けられる人になることが「精神的自立」です。

「健康的」というのは、お金を稼ぐようになったけれど、人をだましたり奪い取ったりという「不健康」な方法ではない、ということですね。法律に違反して稼ぐのはもちろんダメですね。

親に頼らないで自分で判断するんだけど、全部、星占いとか血液型占いの結果に従うとか、友だちの言う通りにするとか、ネットで見つけた怪しげな考え方に染まってしまう、なんてのは「不健康」に親から自立したパターンですね。

目指すのは親から「健康的に自立すること」。

だって、不幸な事故や病気を除けば、普通は親が先に死ぬのです。

どんなに子供を大切に守っていても、必ず、守りきれない時が来るのです。

その時、「ずっと親に頼ってきて、自分一人では何も決められない」という子供を残して親が死んでしまうことほど悲劇はない、と僕は思っているのです。

そんなバカなと思いますか？

でも、世の中には、進学も就職も結婚も全部親のアドバイスに従って、子供が生まれたら教育方針や行く学校まで親の意見に従ってしまう人がいるのです。

子供の頃から「自分の頭で考える」という訓練を受けなかった結果です。

または、子供に「自分の頭で考える」ということを許さなかった親の結果です。

大切なことは、「健康的に自立」すれば、「親の期待」からも自由になれるということです。経済的に自立して(中高生ではまだ難しいですが)、精神的にも自立すれば、「親の期待」に振り回されることはなくなります。

「健康的に自立」することが、「親子関係」の最終的な目標なのです。

といって、子供は最初から自立しているわけではありません。

当たり前ですね。

赤ん坊の時は、自立度0といっていいでしょう。

人間の赤ん坊は、他の哺乳類と違って、ちゃんと面倒を見ないと死んでしまう期間がとても長いのです。犬や馬などの哺乳類は、最短なら1日(!)、長くても数か月で自立して、自分で餌《えさ》を取り、生きていくことができます。

けれど、人間は数年かかります。あなたは何歳なら自分一人で生きていけると思えますか？

5歳や6歳ではまだ無理ですよね。

ですから、その間、ずっと親や他の人に面倒をみてもらうことになります。

それが、人間が他の動物とまったく違っている点です。

2歳ぐらいから、イヤイヤしたり、ワガママ言ったりが激しくなりますが、実際はまったく自立していません。

この時期は、子供を守り大切に育てることが「子育て」になります。そうしないと死んでしまうからです。

「他者」という存在

子供が小さい頃は、親と自分の区別がついていません。

例えば、子供は小さなストーブの前に立って、自分が暖かくなってきたら、後ろにいる母親も暖かくなったと思い込んで「あったかいね」と言います。

でも、母親は、小さなストーブから離れていて、自分の体の前に子供がいて熱が届かないので、寒いままです。それでも、多くの母親は「うん。あったいかね」と言います。

子供は自分が暖かいと母親も暖かいと思い込むのです。

しかし、成長するにつれて、だんだんと「自我《じが》」というものを持ち始めます。自分は暖かいけれど、母親はどうなんだろうと、自分と相手を区別して考えられるようになります。自分はお腹一杯だけど、親はどうなんだろう。さっきから、自分しかおかずを食べてないぞ、親は空腹なんじゃないだろうかと気付き始めるのです。

「自我」を持つことでマイナスの感情も生まれます。

あなたにも経験があるでしょうか？

だんだんと、親をうざいとか、めんどくさいとか、うっとおしいとか感じ始めるのです。

でも、これは決して悪いことではありません。

どういうことでしょうか？

「他人」という言葉があります。

意味はわかりますね。あなたとまったく関係のない人です。道を歩いている人とか、電車で隣に座っている人とか、まったく知らない人ですね。

「他者《たしゃ》」という言葉を知っていますか?

あまり聞いたことがないかもしれませんが、「他人」と「他者」は違います。

「他者」とは、「あなたにとって、受け入れるのは難しいけれど、受け入れなければいけない人」であり、同時に「受け入れたいけれど、受け入れたくない人」のことです。

難しそうですが、例を出せばすぐに分かるでしょう。

あなたにとって、親は一番身近な「他者」です。

例えば、父親が「門限を夕方の6時にする」と決めたとします。

友だちとも遊びたいし、部活もあるしやりたいこともあるから、6時の門限なんて無理だとあなたは思いました。

でも、父親には怖くて文句を言えません。

そういう時、父親という存在は「受け入れるのは難しいけれど、受け入れなければいけない人」です。そして同時に、「夜６時の門限」を決めた父親は「受け入れたくない人」です。

けれど、受け入れたくない人」です。

ちょっと頭がこんがらがりますか？

別の例を出しましょうか。

あなたは母親から友だちのＣ子さんと遊んではいけないと言われたとします。あなたはＣ子さんが大好きで、親友だと思っています。

でも、母親は強く「Ｃ子と遊んではいけない」と言いました。

そういう時、あなたにとって、母親は「他者」です。

Ｃ子と遊ぶなという命令を出す母親は、「あなたにとって、受け入れるのは難しいけれど、受け入れなければいけない人」です。だって、母親ですからね。

でも同時に、Ｃ子と遊ぶなという母親は、「受け入れたいけれど、受け入れたくない人」になりませんか？

じつに宙ぶらりんで、「もうどうしたらいいの!?」と叫びたくなってしまう状況です。

じつは、このどっちつかずの状態に耐え、うんうんと手探りで試行錯誤しながら生きていくことが、「大人になる」ということです。

えっ？　大人になるって大変？

そうなんです。だから、年をとっても全然大人になってない人もいるのです。頭の中が子どものままの人ですね。これは第1章で言った「0か100か」の親です。

どっちつかずの中でうんうんと解決策を探るというのは、48点とか76点の生き方を見つけるということです。

もちろん、難しいことです。

でも、こんな「宙ぶらりん」な状態を生きようとするのは、それしか「うまく生きていく方法」がないからです。

あなたにはまだ早いでしょうが、知っておくのも悪くないでしょう。

大人になると、「どっちが正しいかまったく分からない」という事態によくぶつかります。

子供の頃はそうではないですよ。子供の頃は、「正しいこと」と「間違っている」

ことが、実にはっきりしていました。

どっちが正しいか分からなかったら、親か先生に聞いたら教えてくれました。でも、大人になると、「どっちが正しいかまったく分からない」とか「どっちを選んでも後悔する」とか「どっちを選んでも少しずつ間違っている」という状況にぶつかるのです！

と、思わず「！」マークをつけましたが、実は、小学校の高学年から中学に入るぐらいから、この「どっちつかずの状態」と出合う人はいます。

それこそ、母親から「C子と遊ぶな」と言われた場合は典型でしょう。

小学校低学年なら、その言葉は絶対ですから母親に従います。

でも、少しずつ自分で考えるようになると、「本当に母親の言ってることは正しいんだろうか」と思うようになります。

ここで「母親は間違っている」とか「母親は正しい」と、簡単に「0か100か」の結論が出せるのなら、残念ながらそれは「子供の考え方」です。

けれど、「母親がC子の悪い評判を聞いて言っているのは分かる。でも、C子にも事情があって、学校に行かないのも、万引きをしてしまったのもC子だけが悪いわけじゃないんだ。母親の気持ちも分かる。でもC子の気持ちも分かる。私はどうしたらいいの?」と、簡単に結論が出せないことを、うんうんと考え、ベストじゃないけれど、よりベターな解決方法を見つけようとすることが、「大人になる」ということなのです。

この考え方は、まさにコミュニケーションの考え方と同じですね。

コミュニケーションが大変なのは、一人一人が違うからです。

そして、そんな違う相手を大切に思い、なんとか分かってほしいと思うからです。

「他者」も同じです。

自分とまったく同じ人なんて存在しません。みんな、それぞれ違います。

そして、「受け入れるのは難しいけれど、受け入れなければいけない」ことを言い、それは、「受け入れたいけれど、受け入れたくない」ことなのです。

この時、「そんな面倒くさいことを言うならもう絶交!」と言うのは簡単です。

でも、言ってしまったら、すべてを失ってしまうのです。関係は0になるのです。

これもまた、コミュニケーションの場合と同じですね。

大切に思うからこそ、「他者」である相手と、なんとかつきあおうとするのです。

分かりあいたいから、うんうんとうなりながら、なんとかベターな解決方法を探ろうとするのです。

批判的に愛するプロデューサー

さて、話を「他者」に戻します。

赤ん坊の頃は、自立度０と言いましたが、他者の割合、つまり他者度も０です。

赤ん坊にとって、親は他者ではありません。小学生になっても、ノンキな人の場合は、まだ他者度０でしょう。

多くの人は小学校高学年から中学ぐらいで「親がうざい」とか「親がうっとおしい」と感じ始めます。

それは、親が他者として、あなたの前に現れてきたということなのです。

ですから、「親の期待」がつらいとか重いと感じるということは、あなたが一人の人間として成長してきた証拠なのです。

あなたが自立してきたということを意味するのです。とても喜ばしいことなのです。

さて、「親がうざい」と思ったあなたに、周りが、「親があなたのことを一番知っているんだから」と言ったとします。

一番知っているんだから、親の言うことを聞いた方がいいということですね。

どうしてでしょうか？

えっ？　質問の意味が分からない？

僕は「その人を一番よく知っていること」と「その人に一番役に立つアドバイスができること」は別だと思っているのです。

びっくりしましたか？　またはよく分かりませんか？

親子関係はとても近いので客観的に見るのが難しくて、理解に時間がかかることが多いです。

なので、また例え話をしますね。

あなたには熱烈に推すアイドルとか俳優や歌手はいますか？

その人のことを好きになると、どんどんその人の情報を集めて、その人について詳しくなるでしょう。

熱狂的なファンになると、ずっとその人の傍《そば》にいたくなったりしますね。

僕は演劇の演出家ですが、熱狂的なファンは、自分の推しが出ている公演の全ステージを観たりすることを知っています。

つまり、公演期間が一か月なら、一か月間、毎日同じ公演を30回観る、なんていうファンがいるのです。ミュージシャンが推しの場合は、全国のコンサートツアーをついて回るというファンもいますね。

そういうファンは、推しの情報を集めて、推しの好き嫌いとか長所と短所とか得意不得意、友人関係、子供時代などに詳しくなります。

あなたはそういうファンが、推しに対して的確なアドバイスができると思いますか？

役者が推しだとして、次にどんな仕事をすればいいのか、どんな戦略で売り出せばいいのか、どんなイメージを足せばいいのか、ファンが的確にアドバイスできると思いますか？

僕は熱狂的なファンを持つ俳優に、「拍手は俳優を育てもするけれど、殺しもするんだよ」と伝えます。

熱狂的なファンになってくれるのはありがたいのですが、熱狂的になればなるほど、ファンというものは、「なにをしてもオッケー」という状態になります。

演劇でいえば、舞台に出てきて、とにかくセリフを言うだけで「かっこいい〜！素敵〜！」となるのです。

本当は演出家から「ここではあまり力強くセリフを言わないでほしい。ここでみじめな姿を見せるからこそ、後半の成長が際立ち、ドラマが深く感動的になるんだ」と言われていたとしても、観客は、ただセリフを言うことに感動してしまうのです。

そうなると、俳優は成長をやめます。

ダメな演技をしたら拍手が減り、いい演技をすれば拍手が増えるのならがんばりがいもありますが、何をしても熱狂的な拍手がきてしまうと努力しようという気持ちがなくなってしまうのです。それはしょうがないことです。

これが「拍手が役者を殺す」という意味です。

でも、熱狂的なファンは、そうなりがちです。ですから、その俳優をよく知っていても、その人が次に何が必要かを戦略的にアドバイスできるファンはなかなかいないのです。それができるのは、業界全体から推しの立ち位置を判断できる、プロデューサーとかディレクター、演出家と呼ばれる人たちです。

この部分を読んで気を悪くするファンの人がいるかもしれませんが、ファンは業界全体ではなく、自分の推しだけを見ます。

でも、プロデューサーやディレクター、演出家は、業界全体の中で推しと他の俳優を比べ、その違いを分析します。推しと同じぐらい他の俳優も調べるのです。これが、ファンとの違いです。ファンは推しを熱狂的に愛しますが、プロデューサーやディレクター、演出家は批評的に愛します。

難しい言い方ですね。「批評的に愛する」とは、距離をとりながら、この俳優には何が必要か、次にどうしたらいいのかを、分析・研究しながら、でも同時に愛するのです。

ただ愛するだけではダメなのです。

例えば、俳優がミュージカルに出たいと言ったとしても、その俳優の歌唱力を冷静に判断して、「この程度だと、まだミュージカルは早い。あと半年は歌唱レッスンを受けさせよう」なんていう、残酷な判断をしなければなりません。

やがて、ミュージカルに出るにしても、今はまずは練習と準備のレベルだと俳優を説得する仕事です。

おや。これは、「子育て」の理想と同じだと気付きましたか？

そうです。これは、「子育て」でいう「健康的に自立させる」ことの仕事版です。

相手のことを知り、相手の状態を考えて、ゆっくりと順調に成長するように計画することです。


でも、子育てと同じですが、ファンもまた、相手のことが好きになればなるほど「健康的に自立」させることは難しくなります。

ファンが、推しがいる業界全体を知ることがなかなかできないように、親もこれから先、子供が進みたいと希望している世界のことはよく知らないのです。

「ミュージシャンになりたい」「シェフになりたい」「マンガ家になりたい」と子供が言い出した時に、ただイメージだけで子供の希望を否定する親がいます。

「そんなものになれるわけがない」とか「世の中はそんな甘いものじゃない」という言い方です。

でも、本当にできないのか、甘いのか、親は子供以上にその世界を知っているのでしょうか。

子供が単なる思いつきで言わない限り、例えば「シェフになりたい」と真剣に言う子供は、どうしたらシェフになれるか、シェフの収入はどれぐらいか、シェフはどんなふうに働いているのか、自分なりに調べているはずです。

親よりも業界を知っているのです。

まともな親なら、まずは、子供が希望する業界のことをちゃんと知ってから判断するはずです。でも、多くの親は、子供のことをよく知っているから、子供が目指す世界を知らなくても役に立つアドバイスができると思いがちなのです。

でも、残念ながらそれは誤解です。

熱狂的なファンの愛情は海よりも深いですが、だからといって推しに的確なアドバイスが送れるとは限らないのです。

親も同じです。

これが、「その人を一番よく知っていること」と「その人に一番役に立つアドバイスができること」は違う、という意味です。

冷静な分析なしで気持ちを優先する親

この本を書くためにいろんな中高生の意見を聞きました。その中で、「自分は大学には興味がなく、将来シェフになるのが夢なので、『高校卒業後は調理学校に行き、その後イタリアに行きたい』と親に話したら、両親に『食べていけるようになるまで何年かかると思っているのか』と呆れたような顔で言われ、『とりあえず何でもいいから大学までは出て、そこから考えろ』と念を押されました。両親とも同意見で、絶対に曲げそうにありません」と語る人がいました。

この両親は、子供のことはよく知っていても、シェフやレストラン業界のことは知らないと思います。何も調べないまま、頭ごなしに子供の希望を否定しています。子供のことを知っているから、シェフやレストラン業界についても判断できると思っているのです。

断言していいと思いますが、この親は「何年かかったら食べていけるようになるのか？　アシスタントとしては平均年収はどれぐらいなのか？　アシスタントを卒業して一本立ちするまでの平均修行年数はどれぐらいなのか？　個人でお店を持つ場合とレストランに勤める場合だとどれぐらいの収入の違いがあるのか？」などを調べた上で否定しているのではないでしょう。ただ、ムードで（雰囲気で）言っているだけです。

どうして言えるのか？

子供のことをよく知っていると思っているからです。

ですから、親のアドバイスを拒否したり従わなかったりすると、「親の愛情」とか「親の思いの深さ」をなんだと思っているんだ、と怒る人がいますが、「愛情」と「アドバイスの内容」は別のことだとよく分かるでしょう。

「親の愛情」と「的確なアドバイス」を混同してはいけないのです。

子供は「それは的確なアドバイスじゃない」と、親のアドバイスを否定しているのであって、「親の愛情」そのものを否定しているのではないのです。

この親の場合、心配してアドバイスをくれる気持ちはとてもありがたいですが、レストラン業界のことを何も知らないまま、感覚だけでするアドバイスはいらない、と告げることが重要なのです。

でも、親が必死になってレストラン業界やシェフについて調べたとしたらどうなるんだろうと思いましたか？

否定するために調べるのではなく、理解しようとして調べる親なら、それはとても素敵なことだと思います。

第1章で紹介したA子さんの母親とは違って、僕の知り合いの親は、自分の子供がLGBTのトランスジェンダーであるとカミングアウトした時、一生懸命トランスジェンダーのことを調べて、子供を理解しようとしました（トランスジェンダーは、生まれついての性と、自分が認識している性が違う人です。男の体を持って生まれたけれど、自分のことを女性だと思っている人とか、です）。

トランスジェンダーに関するいろんな本を読み、トランスジェンダーを描いた映画をたくさん観て、トランスジェンダーの人に会いに行き、いろいろと話を聞いていました。それは感動的な姿でした。

こんな親を持ってよかったねと、僕は知り合いに言いました。

ファンの例えで言えば、業界のことを一杯調べて、推しに対してアドバイスしようとする場合です。

ただ、気をつけなければいけないことがあります。

ちゃんと業界を分析して、「なるほど。この業界では歌がうまい俳優がたくさんいるんだ。推しが一回歌っているのを聴いたけれど、そこそこだったなあ」と思っても、

「それじゃあ、ミュージカルには出演しない方がいいな」と冷静に判断することは、ファンにはとても大変なことです。

ファンはなかなか冷静な判断ができません。ファンなんですから。好きになるというのはそういうことです。熱狂的になればなるほど、冷静さは飛んでいきます。冷静なままでいられるのなら、ファンではないのです。そしてファンは、推しのいろんな姿を見たいのです！

結論として「歌がそこそこでも、なんとかなるよ。だって、私は推しが歌っている姿を見たいんだもん。うん。絶対にうまくいくよ！」と考えてしまうファンも多いだろうと思うのです。冷静な分析より、気持ちを優先させるということですね。

親もまた、気をつけないと、同じことが起こってしまいます。

「一流大学に入ってほしい」と期待しているのに、「シェフになりたい」と言い出した子供を説得するために、シェフの世界を詳しく調べた時――他人の子供なら冷静に判断できるのに、自分の子供の場合は、距離が近すぎて、「やっぱり一流大学に入ってほしい」「不安定な職業はダメだ」と、冷静な分析より気持ちを優先してしまうことが起こるのです。せっかく、子供が希望するレストラン業界を調べたのに、その努力がムダになってはもったいないと思います。

難しいですが「健康的に自立」させるために、「他者」になりつつある子供とうまくつきあうしかないのです。

「やらなかった後悔」の大きさ

他者度０だった子供がだんだんと成長して自我を持ってきて、親を「他者」として見るようになります。

それは同時に、親にとっても子供が「他者」になるということなのです。

親は、特に母親は子供が他者度０だった記憶が強く残っていますから（他の哺乳類に比べて、他者度０の期間が異様に長いので）、なかなか、子供が「他者」になっていくことを受け入れられません。

「ミュージシャンになりたい」と言い出した子供に対して、「そんなのダメ！」と頭ごなしに言ってしまいがちなのです。

でも、何度も繰り返しますが、子育ては「健康的に自立させること」です。「ミュージシャンになりたい」と言う子供は、「親にとって、受け入れるのは難しいけれど、受け入れなければいけない人」であり、同時に、「受け入れたいけれど、受け入れたくない人」、つまり「他者」になるということなのです。

子供と同じように、この宙ぶらりんな感覚に負けず、安易な押しつけを選ばず、うんうんと試行錯誤しながら、つきあっていくことが親の仕事なのです。

「そんなこと言って、ミュージシャンになれなくて、一生、不幸になったらどうするのよ⁉」と思ってしまう母親もいるかもしれません。

でも、ミュージシャンになれなくて、一生を棒に振るか、25歳とか30歳で方向転換するか、それは子供が決めることです。また、ミュージシャンになれなかったから不幸かどうかも、子供が判断することです。

僕は演劇の演出家というものを40年ほどやっています。

22歳で劇団を結成しました。

俳優もまた、ミュージシャンや画家なんかと同じように不安定で先が見えない職業です。大学を出て、就職をしないまま、多くの仲間が演劇を続けました。僕の先輩の時代は、35歳になっても俳優として生活できない場合は、俳優を続けることをあきらめました。

僕の世代は、30歳が目安でした。30歳になってもプロの俳優になれない場合は、夢をあきらめていろいろな職業につきました。

今の若者たちは、25歳が目安のようです。25歳までに俳優になれないと、みんな次の職業に向かって進んでいきます。

判断する時期が早くなっています。良いとか悪いとかの問題ではないでしょう。ただ、早い方が、次の人生の可能性を広げることは間違いないです。

「やった後悔」と「やらない後悔」だと、どちらが強いと思いますか？

何かをやらないことで後悔する強さと、何かをやった後に感じる後悔の強さです。

あなたに好きな人がいるとして、告白して振られたとします。

さあ、「告白してふられた後悔」と「告白しないでごまかした後悔」だと、どちらが後悔の気持ちは強いと思いますか？

僕は間違いなく、「しなかった後悔」の方が激しく、長く、深く後悔すると思っています。

告白してふられたとしたら、その時は哀しくて、「ああ、告白なんかするんじゃなかった」と思うかもしれませんが、やがて、「やるだけやったんだから、しょうがないか」と思えるようになります。

でも、「やらなかった後悔」には終わりがありません。「告白してたらなんとかなったんじゃないかな。どうして告白しなかったんだろう。告白したらひょっとしたらうまくいったかもしれないのに」とずっと悔やんでしまうのです。

人生の夢も同じです。

俳優やミュージシャンになりたいと思って、とりあえず25歳までがんばって、だけど残念ながらダメだった場合は、「やるだけやったか」という気持ちになります。

でも、親に「絶対に絶対にダメ！」と始める前に強く言われて、夢を見ることさえあきらめた人は、何歳になってもずっと後悔し続けるのです。

「あの時、オーディションを受けていればよかった。劇団に入っていればよかった。

そしたら、人生なんとかなったかもしれないのに」と、えんえんと過去にこだわってしまうのです。

「やらなかった後悔」の方が「やった後悔」より間違いなく、強いのです。

ですから、何が幸せか不幸かは、子供が決めます。親が先回りして決めるのではないのです。

これはつまり、子供の人生を決めるのは子供で親ではない、という当たり前のことを言っているのです。

親もゆっくり成長していく

ただし、子供はゆっくりと「他者度０」から「他者度１００」に向かって成長していきます。

まだ「他者」としての強さを持ってないのに、思いつきでいろんなことを言う時もあるでしょう。「反抗期」は他者になろうとする準備運動期間です。

親の言うことを「全部受け入れる」という時期の後、「全部受け入れない」という時期と「やっぱり受け入れる」という時期を繰り返しながら、子供はゆっくりと自我を育て、他者になっていくのです。

それを見極め、後押しするのが親の仕事です。

シェフ業をちゃんと調べて「シェフになりたい」という子供もいれば、なんにも知らないまま、ただイメージで言う子もいるでしょう。

親から「健康的に自立」していけば、放っておいても自分で調べますが、自立してない場合は「最終的に親がなんとかしてくれるだろう」と親に甘えて、中途半端なまま言う場合もあります。

それをちゃんと見極めて、適切なアドバイスをするのも親の仕事です。

その過程では、もちろん、親はハラハラします。

うまくいくかどうか心配でたまりません。でも、ぐっと我慢して、見ないふりをしながら、こっそり見るのです。

的確なアドバイスが必要だと思ったら、子供が目指す業界の勉強をこっそりして、さりげなくアドバイスし、アドバイスしすぎず、適度な距離で見守るのです。

それが、「健康的に自立」させる「子育て」です。

子供が成長して、自立し、だんだんと「他者」になっていくことがつらいと感じる時があります。でも、やがて、その方がよかったと胸をなでおろすことになります。それは間違いないです。

残念ながら、子供が成人しても、「他者」にならない場合があるからです。

親にとっては一見、反抗もしないし、言うことも聞いてくれるし、聞き分けのいい良い子だと思うかもしれませんが、後々、問題が起こるだろうと僕は思っています。

親が年老いて、今度は子供がいろいろと判断をしなければいけないのに、ずっと親に頼って何も判断ができないという状況になるのです。

そういう子供は、もし、結婚したとしても、いちいち親に質問したり、頼ったりするでしょう。全部、親の判断に従ってきたのですから。

そんな子供の結婚生活がうまくいくとはとても思えません。子供のパートナー（結婚相手）がきっと怒りだすか、悲鳴をあげるでしょう。

また、「他者」にならないということが大人になっても「常に反抗する」という状況で現れる場合もあります。

親を「受け入れない」と決めた場合です。

この場合も、親はずっと苦労すると思います。

ですから、親は、子供がちゃんと「他者」になるように育てることが大切なのです。

子供がゆっくりと成長して「他者」になるように、親もまた、子供を「他者」にするために、ゆっくりと成長していくのです。子供も親も焦《あせ》ってはいけません。

さて、ここまでは「親は自分のためを思ってくれているのが基本と思うから」という理由で「親の期待」に応えようとしてしまう場合を考えました。

この章の冒頭で、「子供を愛してない親、または愛し方がヘタな、または間違っている親もいます」と書きました。

この話にも触れておかなければいけないと思います。

それは、親に充分に愛されなかった子供は、親に愛されたくて、過剰に親の期待に応えようとする傾向があるからです。

愛されなかったから、愛してほしいと思って、親が期待していることをいっぱいしようとするのです。

もし、あなたが「自分はそんなことはない。私は親に充分愛されてきた」と思える場合は、ここを読まないでとばしてもらってかまいません。

でも、私の親は私を愛してない、または、愛し方が変だと感じている人は読んでみて下さい。

毒親とは縁を切る

「毒親」という言葉は知っていますか？　文字通り、子供にとって毒のような親です。

毒親はしつけと言い訳して、子供を虐待《ぎゃくたい》します。殴ってケガをさせたり、冬に長時間、罰として屋外に立たせたり、食事を与えないとか、冷水をぶっかけたり、身体的に危害を加えるのは、どんなに理由をつけても毒親です。

子供には傷とかアザが残りますから、周りが「毒親」だと気づく可能性があります。

問題は、精神的に子供を破壊する親です。

「おまえはクズだ」とか「あんたを生まなければよかった」「お前はバカだ」「お前が勉強なんかできるわけがない」「誰のおかげで大きくなったと思ってるんだ」など、子供を精神的に追いつめ否定する親も、やはり毒親です。

体が破壊されるように、心も破壊されるのです。

僕の人生相談には、こういう親に育てられた子供からの悲鳴のようなメールがきます。

毒親は、残念ですが、ある程度います。

想像できない人は、「子供が嫌いな親がいるわけがない」とか「親の悪口を言うもんじゃない」「家族仲よく暮らすことが一番」とノンキなことを言いますが、毒親はいます。

毒親も、「子供のためを思って」とか「子供が立派な人に育ってほしいと思って」とか言いますが、僕は嘘だと思っています。

目の前の子供の体にアザができたり、ひどい言葉で死にそうな顔になっているのに、それでも虐待をやめないのは、子供をいっさい愛してないからだと思います。

もし、自分の親が毒親の場合は、僕は親を「他者」ではなく、「他人」にすることを勧めます。

つまり、本当の他人になる、親子の縁を切るということです。

驚きましたか？

毒親に育てられた子供は、大人になってもずっと苦しみます。親に虐待されたのは、自分が悪かったからじゃないかと自分を責めるのです。そして、親の期待に応えられなかったから、自分は責められたんじゃないか、親の期待にさえ応えていたら、親は私を責めなかったんじゃないかと、親ではなく自分を責めてしまうのです。

でも、責められるべきは毒親です。

こんな親の期待に応えようと思ってはいけないのです。

毒親からは一刻も早く逃げ出すことが必要なのです。

もし、あなたが毒親に苦しめられているのなら、他の大人に助けを求めて下さい。

「児童相談所虐待対応ダイヤル」というものがあります。番号はどこからかけても、189です。自分が親にされていることを、電話に出た人に正直に話して下さい。大人が、あなたの親が毒親かどうか判断してくれます。

その時、あなたがどんなことをされたか、証拠をちゃんと取っておいて下さい。体に残ったアザが消えそうなら写真を、「お前はクズだ」と毎日言われるのなら、こっそり録音して下さい。

中高生だとまだ経済的に自立は難しいですから、残念ですが、大人に頼るしかありません。でも、助けてくれる大人はきっといます。

愛し方がヘタな親たち

「毒親」とはっきりいえなくても、じわじわと子供を傷つける親はいます。

それが愛し方が間違っていたり、ヘタな親です。

例えば、子供を叱る時、「人格を否定的な言葉で丸ごと決めつける」というのは絶対にやってはいけないことです。

「おまえは冷たい」と子供に言うのと、「おまえは弟の分のプリンを残さなかったから冷たい」と条件をつけて言うのは、全然違います。

「おまえは冷たい」は、人格全体の決めつけです。

小さい頃からこう言われていたら、「私は冷たいんだ」と子供は思い込むようになるのです。

でも、「〜だから、冷たい」と条件をつけて言われたら、「なるほど、〜しない方がいいんだ」と限定して理解できるのです。

公園で親子連れの会話を聞いていると、人格を丸ごと決めつけて否定する言葉にたくさん出合います。

「ほんとに○○ちゃんは臆病《おくびょう》なんだから」とか「△△ちゃんはワガママだねー」とか「□□ちゃんは乱暴だよね」というような言い方です。

言われた子供は自分のことをどんどん「臆病」「ワガママ」「乱暴」と決めていってしまうのです。

毎日、親から「おまえは臆病だ」と言われ続けたら、間違いなく、子供は臆病になるでしょう。小さい時の親の言葉は絶対なのです。

この場合、親は子供を愛してないかというと、そうではないと思います。

「毒親」と違って、愛しているからこそ要求が高くなって、「そんなことで怯《おび》えるのは情けない」「そんなワガママをしたらダメ」「乱暴なことはしないで」と思って、口に出すのだと思います。

それでも、そう言いたい時はぐっと我慢して、「この遊具はそんなに怖がらなくてもいいかもよ」とか「次の子にブランコを譲ってあげないのはワガママだよ」とか「友だちの背中をそんなふうに押すのは乱暴だよ」とか、限定した言い方をしなければいけないのです。

いいえ、本当は、限定的な言い方でも、親はなるべく否定的なことを子供に言わない方がいいのです。どうしても言ってしまう時は、条件をちゃんと言って限定するのです。

理想は「もう少し大きくなったら、この遊具で遊べるかな？」とか「次の子に譲ってあげると喜ぶね」とか「もう少し優しく押そうか」と、なるべくネガティブな言葉ではなく、ポジティブな言葉で指示を出すことが必要なのです。

それは、例えば、テストで80点を取ってきた子に、「すごいじゃない！　80点なんだ」とポジティブな言い方をする親と、「あと20点で１００点だったのに！　どうして１００点じゃないの？」と否定する親では、子供の成長はまったく違ってきます。

肯定されて育った子は健康的に自立しやすくなりますが、否定されて育った子は、自分に自信が持てず、親に依存したり、自分を傷つけたりします。

子供は、一時期、無条件で肯定されることが必要なのです。

あなたは、親から無条件で愛された記憶がありますか？　ただただ、ぎゅっと抱きしめられた記憶です。それがあるとないとでは、あとあと大きく違ってくるのです。

言葉以外でのコントロール

子供を愛しているのに、どうして親は人格を丸ごと決めつけるような言葉を言ったり、否定したりするのでしょう。

それは、親は練習して親になるわけではないからです。

言われてみれば当たり前のことですが、みんな忘れがちなことです。

驚くことに、親はいきなり親になるのです。この言い方に驚きましたか？

学校の先生や会社の上司（偉い人）は、何年も繰り返すことで、どんどんベテランの先生や優秀な上司になっていきます（もちろん、そうならない人もいますが）。

初めて1年生の担任になって、いろいろと失敗をしても、何回か1年生の担任を繰り返すことで、だんだんと先生は学習し、慣れてきます。

会社の上司も、毎年、部下を持つことで、だんだんと部下の気持ちがわかるようになって、指導力を向上させる人が多いです。

でも、親は練習できません。

いつも、初めての経験です。

たとえ、兄弟姉妹がいたとしても、兄と弟、姉と妹の性格が違うことが多くて、兄で練習したからといって弟や姉で応用がきくわけではありません。

そうすると、言ってはいけない言い方、やってはいけないやり方を繰り返してしまうのです。

それが、「人格を丸ごと決めつけるような言い方」だったり、「とにかくまず否定から語る」なんてことです。

あなたも、やがて親になるかもしれません。

親になって、初めて自分の親の気持ちがわかる、という言い方もあります。

親になることは大変なことです。

でも、賢い親は、先生や上司のように繰り返し練習できない分、「何をしたらいいか」「何をしたらいけないか」を調べて、読んで、聞いて、学習しているのです。

この本を読んでいるのが親の場合は、これもまた学習なのです。親としてこの本を読んでくれているとしたら、素晴らしいことです。

ちょっと面白い調査があります。

日本、アメリカ、中国、韓国の高校生に「親の期待にプレッシャーを感じますか?」と聞いたところ、「とてもそう思う」と「まあそう思う」を合わせると、アメリカ62%、中国63%、韓国52%、なのに日本は29%しかないのです。(国立青少年教育振興機構「高校生の生活と意識に関する調査」２０１５)

つまり、日本の高校生は親の期待に振り回されてないという調査です。

ところが、中学生に対する調査ですが、「家族について、どのような関係が望ましいと思いますか?」という質問では、「好きなことができるように互いのプライバシーは干渉しない」に対し、「あてはまる」と答えた中学生が、アメリカ23%、中国11%、韓国24%だったのですが、日本は31%でした。

つまり、日本の中学生は、４か国の中で一番、親からプライバシーを干渉されていると感じているのです。(国立青少年教育振興機構「インターネット社会の親子関係に関する意識調査」２０１８）

この調査では、「親は、私を時々叱《しか》る」に対し、「そうだ」と回答した中学生の割合は、アメリカ35％、中国40％、韓国21％ですが、日本は58％となっています。

つまり、日本の中学生が一番、親から叱られているのです。

ところが、「親は、私を時々ほめる」に「そうだ」と回答した中学生の割合は、アメリカ42％、中国35％、韓国36％ですが、日本は43％でした。アメリカとの違いはわずかですが、一番、親からほめられているのも日本の中学生でした。

また、最初の高校生に対する調査では、「親（保護者）を尊敬していますか？」という質問に対して、「とてもそう思う」と回答した者は、アメリカ70％、中国59％、韓国44％ですが、日本は37％です。

この部分を親が読むと落胆するかもしれませんが、４か国中、日本の親が一番、尊敬されていないのです。

この結果から見ると、４か国中、一番、親からのプレッシャーを感じていない日本の若者が、４か国の中で一番親からプライバシーを干渉されていて（だから、干渉されたくないと思うんですね)、一番、親に叱られていて、一番、親からほめられていて、一番親を尊敬してない、ことになります。

ちょっと変な感じがしませんか?

親の期待がプレッシャーじゃないのに、親に干渉され、叱られ、ほめられ、尊敬できない状態にいる日本の若者。

これをどう考えればいいのでしょう。

それぞれはつながってなくてバラバラで、親のプレッシャーを感じている高校生は本当に少ないんだという考え方もできます。

でも、こんな考え方もできます。

それは、「〜になれ」とか「〜をしろ」という直接的なプレッシャーは他の三か国に比べて少ないけれど、プライバシーを干渉し、よく叱り、よくほめて、尊敬できない形での親子関係はある、ということです。

それはなんだといえば、「遠回しの命令」です。

直接、「それはやめて」とは母親は言わないけれど、何かをした時、母親は「とても悲しい顔を見せる」という場合です。

直接言わないで、「つらい顔」「落胆した顔」「うんざりした顔」「泣き顔」を見せることで、自分の意志を子供に伝えてしまう親です。

そうです。親が示す「同調圧力」です。無言の命令ですね。

この傾向は父親より母親に強いでしょう。

テストで低い点を取った時に、「もっと勉強しなさい！」と怒られるのと、何も言わないで親が泣き出すのを見るのと、どちらがつらいですか？

もちろん、直接言われるのはこたえますが、親の泣き顔を見せられるのも同じぐらいつらいんじゃないでしょうか。

いえ、ひょっとしたら直接言われる以上に傷つく可能性があります。

友だちのＤ子に目の前で直接「嫌い」と言われるのと、別の友だちから「Ｄ子が嫌いって言ってたよ」と聞くのと、どちらが深く傷つきますか？

直接言われるのは、刀でスパーンと切られるような痛みです。

でも、別の友だちから陰で悪口を言っていたというのを聞くのは、まるで毒薬を飲まされたような痛みです。どんなふうに言ってたんだろう、どんな顔して言ったんだろう、他には誰に言ってるんだろうと想像が膨らみ、ダメージがどんどん広がり、深く残る可能性があるのです。

母親に直接言われるのと、ただ黙って悲しい顔を見せられるのは、D子の場合と同じようなことじゃないかと思います。

直接言われないぶん、勝手にいろいろと想像してしまうのです。想像したくないのに「母親はこんな気持ちじゃないだろうか。私が悪いんだ。私のせいで母親はこんな気持ちになっているんだ」とどんどん想像がふくらんでしまうのです。

そして、子供は自分の想像で自分を責めるのです。

この本を書くためにインタビューした中学生は、「母親は常に『こうしたほうがいいと思うよ』『このほうが絶対に得になる』みたいな話をしてくるのが面倒くさい。全部『そうして』と言っているのだと感じるし、結局はそうなると思う」と、半分、あきらめたような言い方をしていました。

「あなたのためを思ってしているアドバイス」が、結果的に命令になっているパターンです。

でも、繰り返しますが「子供をよく知っていること」と「有効なアドバイスができること」はイコールではないのです。

それよりも、「あなたのためなの」というスタンスが子供を落ち込ませるのです。

知り合いの母親は、「家族は誰も私の言うことを聞いてくれない」とグチります。

でも、その家族をよく見ていると、家族のムードというか雰囲気を決めているのは、その母親でした。母親が落ち込めば、家族全員が落ち込み、母親が陽気になれば、家族全員が楽しくなっていました。

つまり、家族で一番力を持っているのは母親なのです。けれど、母親は「私の言うことなんか誰も聞いてくれない」と毎日、グチるのです。言葉ではなく、表情や態度で家族をコントロールしていることに気づかないのです。

母親は強力な「同調圧力」の持ち主なのです。

直接言うのはやめよう、それは子供のプレッシャーになると思って、でも、黙って嫌な顔や哀しい顔を子供に見せていたら、子供はやっぱり、親の期待に振り回されると思います。

これもまた、学校の先生や上司は学習していくことです。

あなたの学校にはいませんか？

「どんどん自由に意見を言ってください」と言いながら、先生が言ってほしい意見を生徒が言う時はニコニコして、先生と反対の意見を生徒が言う時は不機嫌な表情になる先生が。

先生は、そうやって生徒の意見を無意識にコントロールしているのです。

いえ、もし意識的にそういう表情をしている人がいたら、ちょっと嫌な先生ですね。

そういう指導を受ければ、生徒も子供も、自由に自分の意見を言うことはなくなります。結果として、いつまでたっても「健康的に自立」はできないのです。

さて、あなたの親はどんな親ですか？

親だから自分のことを一番知っているというだけで、親の期待に応えようとしなくていいという理由は分かってもらえましたか。

一番よくあなたを知っているということと、あなたに一番役立つアドバイスをするということは別だと、親に告げましょう。

第3章　自分で考える習慣

目標を考えたことがない？

さて、それでは、「親の期待」に応えてしまう3番目の理由、「特に自分に目標があるわけではないから。他に選択肢《せんたくし》がないから」を考えてみましょう。

この理由で「親の期待」に応えようと思ってしまう人も多いと思います。

この本を書くためにインタビューしたある高校生は、「母はずっと『大学は医学部が最強』と言っていた。自分はいま特に目標がないので聞き流していたら、コロナで『医者は大変なことが多いから、医学部ではなく、法学部のほうが将来のためにいい』と言っている。一応『何になりたいの？』とは聞かれるが、いま特にないと言ってしまうので、親は自分の期待をさらに押しつけてくる感じがする」と言っていました。

もし、母親の押しつけが嫌だと感じ、自分で自分の人生を決めたいと思うのなら、なるべく早めに「自分の目標」を見つけた方がいいと思います。

「自分の目標」が明確になれば、「母親の希望」に対しても冷静に対応できるはずです。

ただし、「自分に目標がない」という場合、二つのケースがあると僕は思っています。

一つは、考えたんだけど目標が浮かばなかった場合です。

もう一つは、目標を考えたことがない場合です。

そんなことがあるのか、と思いましたか？

例えば、あなたは毎日、自分の食べたいものを食べていますか？

それとも、なんとなく、毎回、親が作ってくれたものを食べていますか？

親が作ったものを食べることが当たり前になると、自分が何を食べたいんだろうと考えることがなくなります。

ただ、出された物を美味しく食べることが目的になるのです。

つまり、あなたが何かを希望する前に、親が次々に「ピアノ習ってみる？」「サッカーやるといいんじゃない？」「この塾がいいわよ」と、どんどんとあなたにいろんなことを与える場合です。

親の希望を次々と受け入れることが当たり前になれば、だんだんとあなたは自分の希望を考えることがなくなっていくでしょう。

親が具体的に何かを言わなくても、親の顔色をうかがって、期待に常に応えようとする場合も同じです。

常に親が何をしてほしいか、何を求めているかを探っているうちに、自分が本当は何をしたいかが分からなくなってくるのです。

実は、大人もそういう状態になることがある、と言ったらあなたは驚くでしょうか？

優秀なサラリーマンがそうです。優秀なサラリーマンは、お客さんの要望をずっと考えます。お客さんが何を求め、お客さんの顔色をうかがって、お客さんが喜ぶものを一番に提供するのです。ですから、長い間お客さんの要求を考え続けていると、自分が本当は何をしたいかが分からなくなってくるのです。

だから、会社を定年退職した後、ヌケガラのようになる人が多いのです。

自分が本当は何をしたいのか、考えたことがなかったからです。

子供も同じです。「良い子」とか「優等生」と言われる子ほど、親の期待、要求、顔色を優先して、自分の希望を考えないことが多いです。

あなたが、もし自分の希望が見つからない場合、考えたけど見つからないのか、考えたことがないから見つからないのか、その区別をしなければいけません。

どうですか？　やりたいことを考えたけど見つからなかったのですか？　それとも、「親の希望」を優先して、考えたことがなかったですか？

それでは、考えても見つからなかった人も、考えたことがなかった人も、一緒に探してみましょうか。

一人きりのマインドフルネス

考えるためには、あなたは一人にならなければいけません。

傍に誰かがいたら、その人が何をしてほしいか、何を私に求めているかを考えてしまいます。

それでは、「私は本当は何がしたいのか？」を考えることはできません。

少なくとも1時間以上は一人にならなければいけません。

傍に誰もいなくても、スマホを持っていて、時々、ラインとかメール、インスタグラムなどを見るのなら、あなたは一人ではありません。

一人になるということは、スマホをしまって、誰ともつながらない時間を持つということです。誰ともつながらず、ネットの動画もテレビも観なければ、あなたはあなた自身のことを考えるしかなくなります。

一番の理想は、一人でふらりと公園とか海とか山とか、自然の中に出かけることです。そして、ゆっくりと自分の気持ちを確認するのです。「私はいったい、何がしたいんだろう?」と。自然の中だと、3時間とか4時間とか一人になれるでしょう。周りに人がいても知らない人ですから、気が散ることもないでしょう。

1時間以上一人にならないと、気持ちは落ち着かないと思います。ワサワサしたままだと、自分が本当は何かしたいのか、分からないのです。

もし、そんな場所に行く時間はないと思うのなら、「マインドフルネス」をしてみるという方法もあります。

難しそうな響きですが、大丈夫です。

あなたが個室で寝ていて、スマホを持っていたら、YouTubeで「マインドフルネス」を検索してみてください。

たくさんの動画があります。

「マインドフルネス」とは、難しい言い方をしているサイトもありますが、座って目を閉じ、リラックスして瞑想することです。

僕の知り合いの女性は、毎晩、寝る前にベッドの上にあぐらをかいてすわり、ＹｏｕＴｕｂｅで見つけた10分ほどの動画を流しています。

音楽だけではなく、ゆっくりと深呼吸すること、今の気持ちに集中すること、今日一日を振り返ることなどを丁寧なナレーションで進めてくれます。

この女性は、マインドフルネスをするまでは、よく、嫌な夢を見ていたそうです。追いかけられるとか、事故にあうとか、死にそうになるとかです。

でも、半年ほど毎晩マインドフルネスを続けていくうちに、そんな夢は見なくなったといいます。

そして、一番良かったことは、落ち着いて物事を考えられるようになったことだと僕に言いました。それまでは、なんだか焦っていてイライラしていたのだけれど、ちゃんと考えられるようになったと。

ですから、「正しいマインドフルネスはどうしたらいいんだろう?」と考えるのではなく、一日の終わりにゆったりとリラックスする時間を10分でもいいから持つ、ということが大切なんだと考えて下さい。

本当にたくさんの無料の動画がありますから、自分に一番あっているものを選ぶといいと思います。


人生の目標が何も浮かばない時は、「何をしたいか?」ではなく「何をしたくないか?」を考えるという方法があります。

例えば、休日のお昼、何かを食べないといけないのに何が食べたいか浮かばない時は、「自分は何が食べたくないか?」を考えます。

例えば、「ラーメンとカレーだとどっちを食べたくないか?」と考え、「ラーメンを食べたくない」と思えば、カレーが残ります。

次に「カレーとサンドイッチ、どっちが食べたくないか?」と考えます。「カレーの方が食べたくない」と思ったら、サンドイッチが残って、次に「サンドイッチとハンバーガー、どっちが食べたくないか?」と考えるのです。

とにかく、食べたくない方を外していくということです。

結果、一番食べたくないものから遠いものにたどり着きます。それは、一番食べたいものに限りなく近いんじゃないかということです。

自分がしたいことも同じです。

世の中には、さまざまな職業が溢れています。

第2章で紹介したように、中学生の時から「シェフになりたい」と思っている人は問題ありませんが、そういう人は少ないでしょう。

そういう時は、「どっちになりたくないか?」と考えるのです。

世の中のたくさんの職業を紹介している本を用意しましょう。『13歳のハローワーク』(村上龍著、幻冬舎)なんて本が話題になりました。

そして、あまりにたくさんの職業があって、自分が何になりたいか分からない時は、「これとこれ、どっちになりたくないか?」と考えるのです。「警官と消防士、どっちになりたくないか?」で、警官の方がなりたくないのなら、消防士が残ります。じゃあ次に「消防士と教師、どっちになりたくないか?」と自分に問いかけるのです。

たくさんの職業を紹介した本を一冊持って、ゆっくりと「どっちになりたくないか?」を考えるだけでも、あなたの希望はずいぶん明確になっていくと思います。

自己実現の欲求

大切なのは、「考えること」と「悩むこと」をちゃんと区別することです。

「YouTuberになりたい」とぼんやり思ったとして、「悩む」というのは「あー、できるかなー。無理かなー。やっぱり、うまくいかないかなー」とうだうだすることです。この場合は、1時間悩んでも2時間悩んでも、何も生まれません。

「考える」というのは、「じゃあ、とりあえず、YouTuberに向いているかどうか、動画を撮ってみよう。で、友だちに観てもらって感想を聞こうか」とか「自分がなりたいタイプのYouTuberで人気の人は何人ぐらいいて、どれぐらいのフォロワーと再生数なのか調べてみようか」と、30分でも「考える」と、やるべきことが生まれます。

それが結果として、うまくいくこともあればうまくいかないこともあるでしょう。

大切なことは、「考える」とやるべきことが生まれ、「悩む」とただ時間だけが過ぎていくということです。

ですから「考えること」と「悩むこと」を区別することが大切なのです。

あなたはふだん、考えてますか？　それとも悩んでますか？


アメリカの心理学者マズローという人は、人間の欲求を5段階に分けました。

ピラミッド型で説明したのですが、一番下、最初の第一段階は、「生理的欲求」というものです。

水、食事、睡眠、トイレなどの生きていくために基本的なことですね。

「毒親」に虐待されている時は、このレベルの欲求が満たされてない場合があります。

逆に言うと、このレベルの欲求を子どもに保証しないのは、間違いなく「毒親」です。

その上の第二段階は、「安全の欲求」です。

家で生活する時に寒さや暑さに苦しみたくない、健康に暮らしたい、経済的に心配しないで暮らしたい、暴力や怒声なく暮らしたい、などです。

子供の安全と安定をさまたげるような親はやはり「毒親」ということになりますね。

第三段階は、「所属と愛の欲求」です。暖かい家庭で暮らしたい、仲間がほしい、親と仲がよくしたい、というようなことです。

これも、理解しやすいでしょう。

第四段階は、「承認の欲求」です。

友だちから認められたい、親からほめられたい、周りから尊敬されたい、という気持ちです。職業を選ぶ時に、これは重要な要素になりますね。社会から認められ、尊敬される職業につきたいと思うことは自然なことです。

実は、「承認の欲求」は、「周りから認められたい」という欲求と、「自分が自分を認めたい」という欲求の二つから成っています。

あなたが絵描きになりたいと思っていて、学校の課題で絵を描いたとします。

その絵は、校内コンクールで優勝して、大きな展覧会でも認められたとします。周りがあなたをほめますから、「承認の欲求」は半分、満たされます。でも、もう半分は、「あなたがその絵に満足しているかどうか?」です。

もし、あなたが「この絵の評価は高いけれど、自分ではまったく納得していない。誰にも言ってないけど、これは昔見た友だちの絵の真似をしただけなんだ。こんな絵はダメだ」と思っていたとしたら、自分自身の「承認の欲求」が満足してないことになります。ですから、あなたの希望は、周りからも認められるし、自分自身でも認められることが重要なのです。

そして、最後の一番上、第五段階は「自己実現の欲求」です。

「自己実現」というのは、ちょっと難しい言葉ですが、ここでは、自分がなりたいものになり、それが社会的に評価もされて、そして、周りを幸福にしたり豊かにしている状態、としましょうか。

第四段階の絵の話で言えば、やがてあなたが絵描きになり、社会的にも評価・尊敬され、自分自身も納得した絵を描いていて、なおかつ、その絵が人々を幸福にしたり、勇気を与えたり、微笑ませている場合、あなたは「自己実現の欲求」を満たしているといえるのです。

そうなふうになったら素敵だなと思いましたか？

僕も思います。

サラリーマンになっても、その仕事が周りから認められ、あなたもやりがいがあり、それだけではなく、その仕事が社会を豊かにしたり、人々を幸福にしたりしていれば、「自己実現の欲求」は満たされているのです。

専業主婦になっても、その仕事が周りから評価され、あなたもやりがいがあり、そして、その仕事が周りを幸福にしたり、微笑ませていれば、「自己実現の欲求」は満たされているのです。

マズローの「欲求五段階説」を紹介したのは、「自分の希望はなんだろう？」ということを考える手がかりになればいいと思ったからです。

この説が唯一正しいのではありません。

こういう考え方があるんだということを参考にしながら、「自分は何がしたいんだろう？」と考え続けて下さい。悩むんじゃなくてね。

悩むより始めてみる

「自分なんて目標を持ってもうまくいかないから、考えるだけムダなんだ」と思っている人はいませんか？

すぐに否定する親に育てられると、「自尊感情」というものがとても低くなります。

「自尊感情」とは、「自分が好きだ」「自分は大切な人間だと思う」「自分に自信がある」という自分を肯定する感情のことです。「自己肯定感」ともいいます。

「自分はダメな人間だと思うことがある」という問いかけに、「とてもそう思う」と「まあ、そう思う」と答えた高校生は、アメリカ45%、中国56%、韓国35%ですが、日本は72%です（！）。

四か国の中でだんとつに高いのです。

「私は人並みの能力がある」と思っている高校生は、アメリカ88%、中国90%、韓国

67％ですが、日本は55％です。（国立青少年教育振興機構「高校生の生活と意識に関する調査」２０１５）

日本人は（高校生も大人も子供も）、自分のことを大切にする「自尊感情」「自己肯定感」がとても低いのです。自分を肯定する感情が低いことは、あまりいいことではないと思います。

だって、みんな自分が嫌いなら、何もできないと思ってしまうでしょう。「自分はダメだ」と思うから何もしない。何もしないから、ますます、評価は低くなる。だからますます「自分はダメだ」と思うようになる——とってもやっかいなマイナスの渦巻きですね。

そういう人はよく「自信が持てたらがんばれるのに」と言います。

「自信はどうしたら持てるの？」と聞くと、「自信を持てる根拠があれば……」と悲しそうに答えます。

でも、僕は思います。

テストが80点だった時に「すごいじゃない！」とほめられた子は自信を持ちます。

でも、「あと20点で１００点なのに！　どうして２割も間違えたの⁉」と言われた子は自信が持てません。

でも、テストの点数は同じ80点なのです。

ある人にとっては、80点は自信の根拠になるし、ある人には80点は自信の根拠にならない。つまり、自信なんて、考え方ひとつだと思っているのです。

逆にいえば、自信を保証する絶対の根拠なんかない、ということです。

えっ？　１００点とったら自信が持てると思いましたか？　でも、もし親から「次も絶対に１００点取るのよ」と言われたらどうですか？

いきなり不安になりませんか？

やっぱり、考え方ひとつなのです。

僕は今、演劇の大学で教えています。学生たちは、みんなプロの俳優になりたいと思っています。

でも、「俳優になれるかどうか自信がないんです」と不安な顔をする学生が多いです。

そして「自信がつけば、堂々としてられるのに」と悲しそうに言います。

「どうしたら自信がつくの?」と聞くと、「友だちにほめられるとか……」と答える人がいます。

でも、それだけでは自信の根拠にならないと僕は思います。

だって、もし友だちが「E子は絶対に俳優になれるよ」と言ってくれても、「友だちはそう言ってるけど、クラスのみんなはどう思うんだろう?」と思ってしまったら、不安で自信は持てなくなります。

もし、クラス全員が口をそろえて「E子は絶対に俳優になれるよ」と言ったとしても、「みんなはそう言ってくれてるけど、先生はどう思うんだろう?」と思ったら、自信は持てません。

もし、先生が「E子は絶対に俳優になれるよ」と言ったとしても、「あの先生はそう言ってるけど、他の先生はなんて言うんだろう?」と思ったら、自信は持てません。

もし、学校の先生全員が口々に「E子は俳優になれるよ」と言ったとしても「プロの演劇の演出家さんはなんていうんだろう?」と思ったら自信は持てません。

もし、有名なプロの演出家が「E子さんは絶対に俳優になれます」と言ったとしても、「演出家はそう言ってるけど、テレビ局のプロデューサーはどう思うんだろう?」と思ったら自信は持てません。

分かりますか？　自信の根拠を求め始めたら、終わりがないのです。

最終的には、世界中の舞台演出家と映画監督とテレビディレクターとプロデューサーが一人残らず「E子さんは絶対に俳優になれる」と言わない限り、「自信の根拠」は持てなくなります。

でも、そんなことは不可能ですね。

誰かは「E子は俳優になれない」と言う人がいて、誰かは「E子は俳優になれる」と言うでしょう。

自信を保証してくれる、絶対の根拠なんてものはないのです。

ないものを手に入れないと自信が持てないと思っていると、一生、自信がもてないままで終わるのです。

本当は自分の希望があるんだけど自信がないから言わないとか、なんとなく遠ざけているという人は、自信の根拠を探している限り、一歩も前には進めません。

「デザイナーになりたい」と心の奥底で密かに思っていても、「自信がないからデザイナーなんかになれるわけがない」と思っていると、絶対になれないということです。

じゃあ、どうしたらいいのか？

とりあえず、始めてみることです。

デザイナーなら興味のあるファッションを世界中の資料から集め始めるとか、シェフ志望ならネットのレシピや料理本から選んだ料理を作り始めてみるとか、農業をやりたいのなら体験稲作をさせてくれるところに参加するとか、とりあえず始めるのです。軽い気持ちでいろいろと始めてみることをお勧めします。

始めてみて、「あ、自分には向いてない」とか「これは違う」と思ったら、また、別なことを始めればいいだけです。

「自信がないからできない」なんて悩んでいる時間はもったいないのです。

やっぱり、「悩むこと」と「考えること」をちゃんと区別することが必要なのです。

焦ることはありません。中高生で「自分が本当にしたいこと」を見つけられるのは奇跡だと言ってもいいです。

繰り返しますが、問題は、自分の頭で考えるのではなく、親の考えをそのまま自分の考えだと思い込んでしまうことです。

または、親にまかせて、自分が考えることをやめてしまうことです。

もちろん、自分がやりたいことが親のしてほしいことと結果的に一致すれば、素敵なことですね。親は食べることが大好きだから、子供がシェフになりたいと言い出したことに大賛成する、なんてことです。

また、一生懸命考えたけど、とりあえずやりたいことが見つからないので、大学に行ってみようか、そこで探そうか、と考えるのも悪くはないです。

でも、今から、「自分は本当は何がしたいんだろう？」と考える訓練を始めることは大切なことです。

やがてあなたには、嫌でも自分で考えなければいけない時期がきます。

中学、高校、大学と親の意見を聞いてきた人も、何人かは就職の時に、はたと悩みます。なんでもアドバイスを続けてきた親も、今のネットが中心の就活事情が自分の時とまったく違っているので、何も言えなくなるのです。

その時、何人かの子供は混乱します。でも、自分の頭で考える訓練ができないので、ただ混乱するだけで、よい結果は出せません。

就職をうまく乗り切っても、結婚しても同じように親とだけ相談していたら、パートナーとの関係はもめます。この時も、親が全部答えを出してくれると思っている人たちは混乱し、よい結果は出せません。

その後、子供が生まれた時にも、同じようなことが起こります。ずっと自分の親に相談していたので、子供が生まれても本当の親になれないからです。

まあ、あまり先のことを言っても、あなたにはピンとこないでしょう。

でも大切なことは、自分の頭で考えようとすることです。

それがあなたが素敵な人生を送るためには必要なことなのです。

焦らず、ゆっくりと考えましょう。まだ「自分の希望」が見つからなくても、考えることが、「親の期待」に振り回されなくなる方法なのです。

第4章

自分の人生を否定する親

エンパシーの力

それでは、4番目の理由「自分たちのようになってほしくないと言われるから。お金に困るような人生になってほしくないと言われるから」、「親の期待」に応えてしまっている場合を考えてみましょう。

インタビューしたある中学生は、「母親が『自分は若いうちに結婚して専業主婦になったので、人生つまらなくなった。だから、あなたには、結婚は後回しにして、できる限り仕事をして自分の人生を持ってほしい』と私に言います。別に結婚してもつまらなくないかもしれないと思うけれど、早く結婚したら失望されそうな気がする」と答えてくれました。

とてもかわいそうだなと、僕はこの中学生に同情しました。

第2章で書いたように、子供は「他者度0」「自立度0」から親との関係をスタートします。

この時は、親の存在は絶対的です。

子供には、この時の記憶が強く残ります。親は守ってくれて、頼れて、愛してくれるという感情です。

「毒親」に育てられた多くの子供が、あきらかに虐待されているのに、「親に愛されたい」「親を愛したい」と思ってしまって苦しんでいます。

「虐待されたから、もう縁を切る。もう関係ない。嫌い。以上」と簡単に「他人」にできないことが、親子関係のやっかいなところです。

それにはいろんな理由があると思いますが、そのうちのひとつは、とにかく、子供はどんな親でも「愛したい」と思ってしまうということです。

なのに、「愛したい」と思う親から「私のようになるな」というメッセージを受け取ることは、とても悲しいことです。

これも例え話が分かりやすいでしょうか。

あなたはクラブ活動をしていますか？　尊敬する大好きな先輩がいて、「先輩のようになりたいです」と言ったのに、先輩から「絶対に私のようになるな。私は最低だ」

と言われてしまったら、先輩を尊敬する気持ちをどうしていいかわからなくなるでしょう。

先輩は、たとえ自分のことが大嫌いでも、そのことを後輩の前で口に出してはいけないのです。

親はまして、絶対に口に出してはいけないのです。

子供は親を愛したいのです。その親が子供の前で自分を否定してはいけないのです。

では、どうしてこの中学生の母親は「自分は若いうちに結婚して専業主婦になったので、人生つまらなくなった」と子供に言うのでしょうか。

どうしてだと思いますか？

ちょっと想像してみてくれませんか？

こうやって、相手の気持ちを想像していくことも、大切な「大人になるためのレッスン」です。

ブレイディみかこさんというイギリスで保育士をしながら作家になった人がいます。

彼女は『ぼくはイエローでホワイトで、ちょっとブルー』（新潮社）という感動的な本を書きました。

この本は、ブレイディさんの中学生の息子さんの学校生活を描いたエッセイです。時間があればぜひ読んでほしいのですが、イギリスの中学生は、日本以上に差別とか貧しさの問題にぶつかっていて、「日本もやがてこうなるかもしれない。そういう時、どうしたらいいんだろう」という未来のガイドブックのように読める内容です。

その中で、ブレイディさんが、「シンパシー（ｓｙｍｐａｔｈｙ）」と「エンパシー（ｅｍｐａｔｈｙ）」の違いを説明しています。

ちょっと難しい英単語ですね。

「シンパシー」は、なんとなく日本語になっていますね。「同情」とか「かわいそうと思う心」ですね。

『シンデレラ』の物語を読んでシンデレラに同情する、かわいそうだと思う、というのが「シンパシー」ですね。

「エンパシー」は、相手の気持ちに共感する能力のことです。つまり、相手の立場に立ってものを考えられるかどうか、ということです。

ガラスの靴で有名な『シンデレラ』の物語は知っていますね。継母《ままはは》と義理の姉たちはお城のダンスパーティーに行くのに、一人、家で掃除を命じられたシンデレラを「かわいそう」と思うのは「シンパシー」です。「どんな気持ちだったんだろう？」とその時のシンデレラの気持ちを想像し、感じることができることが「エンパシー」です。

ブレイディさんは、今からの時代に必要なのは、「シンパシー」ではなく「エンパシー」だとおっしゃいます。

第1章で書いたように、まだまだ「同質性」が強い日本ですが、どんどん人々の好みはバラバラになっています。これから先、この傾向は拡大することはあっても、もとの単一な社会に戻ることはないでしょう。「紅白歌合戦」をもう一回日本国民全体が観て、視聴率が80％近くになるなんて時代は来ないだろうということです。間違いなく、私たちの好みや価値、何を大切にするかという思いは多様化していきます。

そういう社会の中で、一人一人違った相手となんとかうまくやっていくためには、単純に相手に同情する「シンパシー」ではなく、相手の立場を想像できる「エンパシー」の能力が重要になってくるのです。

あなたがこれから先出会う人は、シンデレラのように「かわいそう」と同情できる人だけではありません。シンデレラの継母のように「この人、何考えてるんだろう？」と思う人ともつきあっていかないといけないのです。

まあ、シンデレラの継母ような極端な人と、日常で出会うことはなかなかないかもしれませんが、シンデレラの義理のお姉さんぐらいの人なら会うかもしれません。

理解できそうもない行動をとる人に対して、「どうしてあんなことをしたんだろう？」「どんな事情があったんだろう」と想像できる能力を育てることは、相手とちゃんとコミュニケーションするためには必要な能力です。

シンデレラの継母をかわいそうと「シンパシー」を持つ人はあまりいないと思います。でも、なぜ継母はシンデレラにつらくあたったのかという、継母の気持ちを「エンパシー」で想像することは、とても大切なことなのです。

「どうして、シンデレラの継母はシンデレラにあんなことをしたんだろう？」

考えてみましょうか。

すぐに浮かぶのは「継母は本当に娘たちを愛していたんだ」ということですね。

それから「シンデレラの美しさに気付いていて、娘たちの未来を心配した」なんてこともあるかもしれません。

「シンデレラのお父さん、つまり継母の再婚相手と継母はうまくいってなかったから」とか「再婚した夫とうまくいかなかった怒りをシンデレラにぶつけたかもしれない」「継母は退屈な日常に生きがいもなくて、ただ、自分の娘たちの将来だけが楽しみだったから」「そもそも、継母は自慢できることが何もなくて、自分が嫌いで、いつも苛立《いらだ》っていたから」

もっといろんなことが考えられますね。

「継母の最初の夫はどんな人だったんだろうか？　継母を苦しめたんだろうか。だから継母は離婚したんだろうか」「それとも、最初の夫は病気か事故で死んでしまって、ずっと継母は3人の娘を抱えて経済的に本当に苦労したんだろうか。だから、王子様と娘を結婚させて、娘たちにお金の心配だけはさせたくないと思ったんだろうか」

どうですか？　他にも考えられますか？

これは、継母を許すためにやっているのではありません。許せるかどうかと「エンパシー」は別のことです。

でも、もし、継母が大切な人だと思うのなら、継母はどうしてあんなことをしたのか、知ることは無意味なことではないでしょう。

えっ？　継母は別に大切じゃない？

ならば、王子様はどうですか？

シンデレラにとって、王子様は大切な人ですね。でも、シンデレラと王子様は、一回踊って、靴のサイズが合っただけで、結婚を決めてしまったのです。

かなり大胆で、危険な結婚ですよね。

お互いのことを全然、知らないままです。

ひょっとしたら、王子様には変なクセがあるかもしれません。なにせ、王子様ですからね。私たち一般人には想像もできない育ち方をしてるはずです。

シンデレラにとって、「どうしてそんなことをするんだろう？」ということが起こる可能性は高いです。頭を一人で洗えないとか、食べ物の好き嫌いが極端とか、下着を1時間に1回変えるとか。いえ、勝手な想像ですが（笑）。

その時、「エンパシー」の能力が高ければ、「なるほど。この人はこう思って、こんなことをしているんだ」と理解できるのです。

「エンパシー」の能力がないと、「ダメ。まったく理解できない。この人、おかしい。離婚」で終わってしまうのです。

ね？　大切な人を理解するために、「エンパシー」がいかに大切か分かるでしょう。

えっ？　愛があれば、お互いは理解できる？

いえいえ。あなたの親がどんなにあなたを愛していても、あなたを理解してくれないことはあるでしょう？

愛と理解は別なのです。

だから大変だし、面白いのです。

どんなに相手を愛しても、お互いの価値観がそれで溶け合うということはありません。どんなに愛していても、お互いを理解するかどうかは別なのです。

ですから、一人一人が、相手の立場に立って、相手の事情をリアルに想像できる

――そんな能力を高めれば、世界はうんと住みやすくなると思います。

なにより、あなたの人生が楽になるでしょう。

エンパシーの能力がないと、嫌なことをされたり、困った人に会った時に「頭おかしい」とか「痛すぎ」の一言で終わらせてしまいがちです。

あなたが大人になれば、そういう人と仕事をしなければいけなくなるかもしれません。好きになった人にそういう一面があることを発見するかもしれません。

そういう時、「むかつく」と「うざい」という言葉を投げかけるだけでは、何も始まらないのです。

「エンパシー」は、自分とは違う価値観や考え方、感じ方を持っている人と、なんとか関係をつなぎ、会話していくための方法なのです。

親は自分の人生を変えるべき

ということで「エンパシー」とは何か、分かってくれたでしょうか。

では、最初の質問に戻ります。覚えていますか？

どうして、母親は子供に、「自分は若いうちに結婚して専業主婦になったので、人生つまらなくなった」と言うのでしょうか？

子供のためを思ったアドバイス？

あなたはこう言われて、「なるほど。若いうちに結婚して専業主婦になったら、人生つまらないんだ。いいことを聞いた」と納得しましたか？

この母親の子供のように、「若いうちに結婚して専業主婦になった全員の人生がつまらないとは限らないよね」と思いませんでしたか？

もし、若いうちに結婚して専業主婦になった人全員の人生が間違いなくつまらなくなるのなら、さすがに、みんな知っているはずですよね。

日本で２０１９年に結婚したのは60万組で、２００９年間から10年間だと、約６５０万組です。

そのうち、「若いうちに結婚して専業主婦」になる人がどれぐらいいるのか、統計的にはわかりませんが、もし30分の１だとしても、約20万人です。

それだけの人がみんなつまらない人生になっていたら、クチコミで広がって、社会的に大問題になっているでしょう。でも、実際は、つまらない人生になった人もいれば、面白い人生になった人もいるはずです。

ですから、「若いうちに結婚して専業主婦」になったとしても、つまらない人生になるかどうかはイコールじゃないのです。でも、この母親は、自分の子供に、「自分は若いうちに結婚して専業主婦になったので、人生つまらなくなった」と言うのです。

どうしてでしょうか？

それは、言わないではいられないからだと僕は思います。

不確定で絶対に正しいとは限らない情報でも、言わないではいられない。この気持ちを黙ってはいられない。

感情が高ぶると、私たちは人に伝えたくてたまらなくなります。

嬉しい時は「聞いて！　聞いて！」と興奮して話し始めます。怒った時は、「ちょっと、聞いてくんない！」と興奮して話し始めます。

人間は、あふれる思いは言葉にしたくてたまらなくなるのです。

ですから、この母親は「自分は若いうちに結婚して専業主婦になったので、人生つまらなくなった」と言いたくてたまらないのです。

一番言いたいことはなんだと思いますか？　そう。「人生つまらなくなった」ということでしょう。

つまり、この母親は自分の子供に「私の人生はつまらない」と言いたくてたまらないのです。

これは部活の先輩の例で出しましたが、とても悲しいことですね。

まずは、親が子供に絶対に言ってはいけないことです。

「親の期待」に応えてしまう事情のうち、この第4章で紹介している理由に対しては、僕はちょっと厳しいです。

親として、「自分を否定する」ということは、たとえ思っていても、子供の前では言ってはいけないのです。

そして、もうひとつ、問題があります。

「私の人生はつまらない」と子供の前で言ってはいけないのに、言ってしまったとしたら、僕なんかは、人生がつまらないなら、面白くしたらいいんじゃないかと考えるのです。というか、それが普通ですよね。

「なんか、このゲーム、つまんない」とか「このマンガ、つまんない」ってなったら、「じゃあ、変えよう」となりますね。

でも、この母親は「私の人生はつまらない」というだけで、変えようとしてないのです。中学生の親ですから30代から40代でしょう。まだまだ人生は先が長いです。寿命を80歳と考えても、あと半分あります。

でも、この母親は自分の人生を変えることをあきらめて、子供の人生を変えようとしているのです。

それが、「だから、あなたには、結婚は後回しにして、できる限り仕事をして自分の人生を持ってほしい」と言う言葉です。

この言葉に、「遠回しの命令」を感じるから、子供は、「早く結婚したら失望されそうな気がする」と思うのです。

おかしいと思いませんか？

本当に自分の人生がつまらないのなら、変えようとすればいいのです。

そして子供に「私は若いうちに結婚して専業主婦になったから自分の人生はつまらないと今まで思っていたけれど、あなたも中学生になって、私は自分の時間が十分にとれるようになったから、何か始めてみるわ。これから私の人生を面白くするから」と言えばいいのです。

もしくは、「私は若くして結婚して専業主婦になったから、こんなことができたの。こんなこともしたの。あなたがどんな人生を選ぶかわからないけれど、こんな生き方もあるのよ」と語るのです。

どちらの言い方でも、子供は親を尊敬するでしょう。この母親でよかったと嬉しくなるのです。

でも、この母親はそうではなく、「私の人生はつまらない。だから、あなたは面白い人生を歩んでほしい」と要求するのです。

どうしてでしょう？

どうして自分の人生ではなく、子供の人生を変えようとするのでしょうか？

親の人生を充実させること

僕の人生相談に、子供を一流大学に入れようと中学受験からがんばってきたのに、結果として、無名の大学に入ってしまって恥ずかしくて近所を歩けないという母親からの相談がきました。

僕は、「息子さんの大学が自慢できないのなら、あなたががんばって受験して、一流大学に入って自慢したらどうですか？」と回答しました。

本気です。からかっているわけでも、バカにしているわけでもありません。

自分自身に自信がなかったり、子供時代にちゃんと愛されなかったり、不幸だった親は、悲しいですが、こんなふうに、「子供を通じて、自分を確認し、自分を承認し、世間に対して自分の価値をアピール」するのです。

自分に自慢できるものがないから、自分の子供を自慢する。そうすることで、自分を自慢している気持ちになる——ということです。

自分が何かしたり、何かになったりすることを完全にあきらめて、「息子が有名大学に入った」「夫が一流会社に勤めている」「子供が医者になった」ということを自慢することが生きがいになっている親です。

で、はっきり言いますが、そんなのは子供にはいい迷惑です。

自分のためではなく、親のために有名大学を目指す人生なんて最悪です。子供は自分のために目指すのです。

ですから、親が「子供のためというふりをして自分のため」に言うアドバイスに従って「親の期待」に応える必要はないのです。

中学生では言い返すのは難しいでしょうが、高校生ぐらいになって、それでも同じように「自分は若いうちに結婚して専業主婦になったので、人生つまらなくなった。だから〜」と言われたら、「ママ、今からでも全然間に合うから、ママの人生を面白くしようよ。何したい？　働きに出たい？　いっぱい趣味を持ちたい？　カルチャーセンターで学ぶ？　社会に役立つボランティア・サークルに参加する？　それとも勉強して資格を取る？　ねえ、人生には可能性が山ほどあるよ。何したい？」と聞いてみるのがいいと思います。

親の人生を充実させることが、親の期待に振り回されない有効な方法なのです。

こんなことを子供のあなたに言うのは、大人として心苦しいです。

でも、「親は親の練習をしないまま、親になる」と第２章で書いたように、親であることに慣れてない親はたくさんいます。

自分の人生を充実させることが、子供の人生を幸福にすることなんだ、と気付けない親がいるのです。

親は自分の人生が充実してくると、生きがいが増えます。それまでは、子供への期待だけが生きがいだったのに自分への興味が生きがいになるのです。

それはとても、健康的なことだと思います。生き生きとしてくる親を見ることは、子供の幸福でもあります。

親は自分の人生を生きることで、子供から健康的に自立するのです。

ケンカせず、まず聞いてみよう

さて、「親のようになってほしくないと言われるから」という時、母親が自分のことを言っているのではなく、父親のことを言っている場合もあります。

これは、さらに困った状態です。

母親が息子に「父親のようになるな。だから、勉強して一流大学に入れ」という場合です。

これはもう、この時点で親としては絶対に言ってはいけない言葉のベスト3です。「毒親」の時に紹介した「お前はクズだ」とか「誰のおかげで大きくなったと思っているんだ」なんてのは、親が絶対に言ってはいけない言葉です。

親は子供を育てるのが義務です。子供は生まれたいと希望して生まれてきたのではありません。子供の都合なんか関係なく、いきなりこの世に放り出されたのです。ものすごく無力で無防備な形で。

育てるのは親の義務です。なのに「誰のおかげで大きくなった」と言ってはいけないのです。

子供の前で、片方の親が片方の親のことを悪く言う、ということも絶対にしてはいけません。

離婚した時に、母親が父親のことを子供の前で口汚くののしるなんてことがあります。母親にとっては憎い夫かもしれませんが、子供にとっては大切な父親です。

父親に暴力をふるわれたり、虐待されて母子が一緒に逃げてきた場合以外は、子供の前で父親の悪口を言ってはいけません。

一度、僕は電車で、母親と小学生ぐらいの男の子の二人連れを見ました。

母親はひどく怒っていて「どうしてそんなこと言うの？　そんなこと言うなら、父親みたいな嘘つきになるわよ。父親みたいな最低の人間になっていいの？」と子供を叱っていました。「父親みたいな嘘つき」という言葉を聞く子供の顔があまりにも悲しそうで、見ていてつらくなりました。

別の怒り方があるだろうに。なんでわざわざ父親のことを言うんだろう。この母親は言いたくてたまらないんだろうなあ。それぐらい父親に怒っているんだろうなあ。怒りがあふれているんだろうなあ。でも、それを子供の前で言ってはいけないのに。泣きそうな男の子の顔がつらくて見ていられず、思わず目を背けました。ただ、母親の怒った声だけが聞こえてきました。

「父親のようになるな。だから、勉強して一流大学に入れ」と言う母親は、それだけでアウトですが、あなたが母親を好きなら、「じゃあ、どうしてパパと結婚したの？いいところがあったから結婚したんじゃないの？」とやがて、優しく聞いてみて下さい。

中学生では難しいでしょう。

高校生になって、実際にあなたが「大学には進学しない。パティシエになるために専門学校に行く」と宣言して、母親と対立した時に聞けばいいと思います。

父親を選んだのは母親なのです。きっとそこには理由があったはずです。

なのに、いろいろあって、母親は自分の人生はもうあきらめて、子供を一流大学に行かせることで自分自身を承認し、自分の存在を周りにアピールしようとしているのです。

母親と単純にケンカするより、ずっといいことだと思います。

母親に問いかけることで「エンパシー」の能力が高まり、母親の気持ちが理解できるようになるかもしれません。

母親も気持ちがほぐれるかもしれません。話し合うことで、ベストではなくてもベターな解決が見えてくるかもしれません。ワーストではなく、ワーストな解決です。

「大ゲンカして、関係が壊れて、勝手に専門学校へ行く」よりも、「母親は納得してないけれど、しぶしぶ専門学校へ行くことを認めてくれた」という方がましでしょう。

粘り強く話すのです。

「お金に困るような人生になってほしくないと言われるから」というのもつまり、親は「自分がお金がなくて不幸だと思っている」ということだと思います。

現在、日本では子供の7人に1人が貧困に苦しんでいると言われています。

「お金に困る」というのがどれぐらいのレベルかによるのですが、大学進学どころか、子供が働いて親を助けなければいけないような貧困のレベルだとすると、「親の期待」なんて話ではなくなります。

とにかく、生きていくために、働かないといけない状況でしょう。

それでも、子供は奨学金をもらって大学に行きたいと思うかもしれません。

お金がないことをどう思うかは、子供が決めることです。

どれぐらいのお金を必要とし、どれぐらいの生活をしたいと思うかを決めるのは、親ではなく子供です。

「若くして結婚して専業主婦」「一流大学」「お金に困らない生活」——これらは、すべて、親が自分の考え方を押しつけているだけです。

それも、自分の人生を変えないまま、子供の人生を変えようとしているのです。

これが、どんなにとんでもないことか分かるでしょうか。

自分は失敗したから、子供は失敗してほしくないと思う気持ちは分かりますが、そもそも、子供の人生が失敗なのかどうかを判断するのは子供です。

親は自分の人生を自分で判断すればいいのです。

でも、子供は自分の人生を自分で判断するのです。

自分を否定する親の期待になんか絶対に応えてはいけないのです。

親が自分を否定することを聞くことはつらいことでしょう。

でも、それに振り回されず、冷静に分析して、判断して下さい。

そして、親が失敗したからといって、子供が同じことを失敗するとは限らないと言いましょう。

そして、失敗かどうかは親ではなく、自分で判断するんだと告げましょう。

第5章

「世間」と「社会」

「社会」との接し方が分からない日本人

さて、いよいよ、最後の理由です。

「期待に応えないと罪悪感を覚えるから」。「罪悪感」——強い言葉ですね。「悪いことや罪になること」をしてしまったという気持ちです。

思わず「私もそういう気持ちになる」とうなづいた人もいるでしょうか。

「親の期待」に応えないことが、そんなに悪いことなんでしょうか？

僕は「罪悪感」を覚えてしまうのは、日本の文化と関係があると思っています。

あなたが悪いのでもなく、個人的な性格でもなくて、この国の文化の形があなたに「罪悪感」を感じさせているんじゃないかということです。

なんだか難しそうな言い方ですね。

でも、大丈夫。身近な例を考えていくと、わりと簡単に理解できると思います。

まずは、説明を聞いて下さい。

日本は「世間《せけん》」と「社会」という二つの世界から成り立っています。

「世間」という言葉はあまり聞いたことがないかもしれません。

たまに、芸能人が謝罪会見をする時に、「世間をお騒がせして申し訳ありませんでした」なんて言い方をします。

「世間」は、あなたと関係のある人たちのことです。学校とか塾とか隣近所とか、大人だと職場、バイト先の人たちですね。

「世間」の反対語は、「社会」です。ちょっと驚きましたか？　学校で使っている意味とは違いますね。

「社会」は、あなたと関係のない人たちのことです。同じバスや電車に乗り合わせている人とか、映画館で同じ映画を見ている人、道や公園ですれ違う人、なんてことです。

日本人は「世間」の人とは話をするけれど、「社会」の人とはほとんど話さない、というとあなたは驚きますか？

僕はNHKBS1で『COOL　JAPAN』というTV番組の司会をもう15年ぐらいしていています。毎回、世界から日本にやってきた外国人の人たちと日本の文化や風習、食べ物などさまざまなことを話します。

あるブラジル人は、東日本大震災の時の日本人に感動して、日本にやってきたと言いました。ブラジルだと、あんな大きな地震の後は、たいていお店が襲われて食料品とか衣類が盗まれると彼は残念そうに言いました。でも、日本人はすごく礼儀正しく優しくて、略奪もしないし、暴動も起こらなかったと、感動的な表情で僕に語りました。

ところがある日、彼は、「信じられないものを見た」と悲しそうな顔で『COOL　JAPAN』の収録スタジオに来ました。

「どうしたの?」と聞けば、「今日、駅で女性がベビーカーを抱えて、ふうふう言いながら階段を上がっていたんだ。女性は大きな荷物も持っていて、本当に大変そうだったのに、誰も手伝わないいんだよ。ブラジルだったら、すぐにベビーカーを持って助けてあげるのに」と答えました。

スタジオにはアメリカ人とフランス人がいたのですが、この二人も同時に「そうなの！　日本人はベビーカーだけじゃなくて、女性が大きなスーツケースを持って、階段を登れなくて苦労していても助けないの。信じられない！」と叫びました。

「東日本大震災で日本人は優しくて礼儀正しいと思っていたのに、よく分からなくなった。いったい、日本人は優しいの？　優しくないの？」ブラジル人は戸惑いの表情を見せました。

さて、あなたはどう答えますか？　日本人は優しい？　冷たい？

あなたが日本人なら、階段を登っているベビーカーの女性を日本人が手伝わない理由がすぐに分かるんじゃないですか？

「日本人が冷たい」からではないですね。日本人がベビーカーの女性を助けないのは、相手が「知らない人」だからですね。もしその人が近所の人だったり友だちのお母さんだったりしたら、つまり「知り合い」だったら間違いなく手伝うでしょう。

その人たちは、あなたの「世間」に属する人たちです。

でも、都会でベビーカーを抱えて階段を上がっている人は「社会」の人たちです。

あなたの知らない人たちなのです。

これが、日本人は「世間」の人とは話をするけれど、「社会」の人とはほとんど話さない、という意味です。日本人は、「世間」の人、つまり身内の人とはコミュニケートできますが、「社会」の人に対してはどう接していいかわからないのです。

『COOL JAPAN』で、「あなたはどこで恋人や結婚相手を見つけましたか?」という質問をしました。

日本人の答えは「学校、職場、友だちの紹介」がベスト3でした。

でも、外国人はバラバラでした。「銀行で窓口に並んでいる時」「公園で散歩している時」「レストランの隣のテーブル」「バス停」などなど。

これらの場所は、全部、知らない人と出会う場所です。つまり「社会」の場所です。

外国人は「社会」の人たちと簡単に会話できるのです。

日本人だと「コンビニのレジに並んでいるうちに親しくなって、恋人になりました」なんてことはなかなかないでしょう。僕もあなたも、知らない人と簡単に話すことができません。まして、そこで恋人を見つけるなんてとても難しいのです。恋人は、自分が知っている人たち、つまり「世間」から見つけるものだと日本人は思っているのです。

私たち日本人は、「社会」の人と話すのは本当に不得意なのです。

だからこそ、日本人は「世間」の人たちをとても大切にして、「社会」の人たちは無視するのです。

旅行に出た時、おばさまたちの団体と出会ったことがありました。

駅のホームで電車を待っていたんですが、僕の前に一人の女性がいました。

ホームに電車が入ってきたら、その女性は車内に入って、さっさっと荷物を席に置いて、後ろに人たちに向かって「鈴木さん！　山田さん！　ここ！　ここ！」と叫びました。

僕の後ろから入って来たおばさまたちが、嬉しそうにその席に座りました。

僕は女性の次に並んでいましたが、座れませんでした。僕と僕の後ろにいた男性は、ただ立っているだけでした。

先に乗り込んで、席を取ったこの女性はわがままな人なんでしょうか?

順番に並んでいたのに座れなかった僕たちからすると、そう思えるかもしれません。

でも、この女性が所属している「世間」では、間違いなく、この女性は面倒見が良い、親切な人だと思われていると思います。

彼女は自分の「世間」の人(仲間)を大切にして、自分の知らない「社会」の人(僕と後ろの男性)を無視したのです。

それを、彼女の「世間」の人たちは、親切とか、気がきくと受け止めるのです。


「旅の恥はかきすて」という言葉を知っていますか?

あんまりいい言葉ではないですが、昔、日本ではよく言われました。

旅に出ると、そこは、隣近所とか学校とか職場みたいな知っている人がいる「世間」ではなく、知らない人だけの「社会」だから、何してもいい、どんな恥をかいても問題ないんだ、という意味です。

私たち日本人は、「世間」を大切にして、「社会」をとても軽んじているのです。

海外の国では、「世間」はありません。「社会」だけです。日本だけに、「世間」と呼ばれるものがあるのです。

もちろん、理由がありますが、ここでは説明を省きます。もし、どうして「世間」ができたのかに興味がわいたら、僕が書いた『「空気」を読んでも従わない　生き苦しさからラクになる』（岩波ジュニア新書）という本を読んでみて下さい。

5つの「世間」ルール

「世間」には5つのルールがあると僕は思っています。

一つ目は、「年上がえらい」です。

学校の部活では1年上というだけで、先輩はえらいでしょう。でも、その理由はよく分かりませんよね。日本の高校に留学して、バスケット部に入部したアメリカ人が「年がひとつ上というだけで王様のようになり、年がひとつ下というだけで召使のようになる。どうして⁉」と驚いていました。

驚くかもしれませんが、欧米には「先輩・後輩」という区別はありません。

英語を習い始めた時、「He is my brother」という文章を見て、「彼は私の兄弟だって言うけど、兄なの？　弟なの？」とモヤモヤしませんでしたか？　小説とかで最後まで「brother」だけで結局、兄なのか弟なのか分からない、なんてことは普通にあります。

信じられないと思いますが、欧米では年上か年下かは重要なことではないのです。日本人には衝撃です。でも、外国人からすると、一年上というだけで王様、一年下というだけで召使になることの方が衝撃なのです。

もし、アメリカ人に聞かれたら、あなたはその理由を説明できますか？

「先輩は先輩だからえらい」というのは、説明になっていませんよ。だって、「ダイヤモンドはダイヤモンドだから高い」は説明じゃないでしょう？

「ダイヤモンドは、磨けばとても美しく光る貴重な鉱物で、産出量がとても少なく、多くの人が欲しがる。だから、高い」なら、説明になっていますね。

では先輩がえらいのは、「年がひとつ上で、いろんなことを教えてくれるから」と言おうとして、「いやいや、ろくでもない先輩もいるぞ。なおかつ、ろくでもない先輩ほど、えらそうにするぞ。なんで、そういう人も無条件で尊敬しないといけないんだ」と思いませんでしたか？

説明になっていないのに私たちは、「年上がえらい」ということを受け入れます。それが「世間」のルール１です。

二つ目は「同じ時間を過ごすことが大切」です。

仲間になるかどうかは、何を言うかとか、何をしたかより、「どれぐらい長い時間、一緒にいるか？」ということで決まるということです。

逆に言うと、みんなで友だちの家にいる時、とにかく一緒にいると「仲間」だと認めてくれます。

もし、「俺、先に帰る」と言ってしまうと、「あいつ、仲間じゃない」と思われるのです。女の子なら、同じグループでいつも行動を一緒にすることが「仲間」の条件だったりしますね。

作業とか部活で自分は終わっているのに、先に「帰る」となかなか言い出せないということはありませんか？

先に「帰る」と言ってしまうと、「仲間」じゃないと思われると感じてしまうのです。何をするかではなく、同じ時間を共に過ごすことが、「世間」の人たちにとってはとても大切なのです。

ちなみに、大人たちがダラダラと会議をするのは、何かを決めることより「とにかく一緒の時間を過ごすこと」が重要だと思っているからです。


三つ目は「贈り物が大切」です。相手と良い関係になるためには、日本人はとにかく贈り物をし合うことが重要だと考えるのです。

引っ越しして、隣近所に石鹸とかタオルとかを「よろしく」と言いながら配るのは日本人だけです。また、友だちの家に呼ばれた時に、親が「食事が出るなら、あんたも何かお礼に持っていきなさい」と強く言うのも日本人だけです。

お母さんやお父さんは、何かをもらうと「お返しをしないといけない」と考えます。

結婚式で御祝儀《しゅうぎ》をもらったら、必ず「引出物《ひきでもの》」というお返しをしないとまずいし、お葬式でも香典《こうでん》をもらったら、「半返し」という香典のお返しをすることがルールになっています。それをしないと、常識のない人だと思われるのです。

欧米では、結婚するカップルが欲しいものを友だちがプレゼントしますが、お返しはなくても全然平気です。というか、ないのが当たり前なのです。

四つ目は、「ミステリアス」ということです。とにかく、理屈にあわない謎ルールがあるとか、身内にだけ通用するやり方を守っている、なんてことです。

あなたもあなたのグループで、「なんでいつもこうするんだろう?」と思うルールはないですか?　でも、なんとなく、みんなが従っているルールです。

実は、ランドセルとかリクルートスーツは日本という「世間」の謎ルールです。

世界には小学校一年生になったら必ず持たなければいけないカバンなんてありません。また、就職の時に着ないとマイナスになると思われているような服、なんてのもありません。

でも、ほとんどの日本人は受け入れています。

五つ目は、「仲間外《はず》れを作る」ということです。「世間」が強力にまとまるためには、仲間外れを作ると、より団結できるのです。これはイメージしやすいでしょう。

グループがまとまりやすいのは、共通の敵とか、仲のよくないグループを意識した時ですね。

部活のチームがまとまるのは、強力なライバル校とかがいる場合です。

そういうライバル校の生徒と幼なじみの場合、仲よくしていたりすると、怒る先輩がいます。仲間外れを作って、クラブがまとまろうとしているのに、相手と仲よくして、自分たちを裏切ったように感じるからです。

さて、僕はこの「世間」の5つのルールが日本人に染み込んでいると思っています。

あなたはどうですか？　心当たりがありますか？

もう少しだけ「世間」の話を続けます。

今の私たちとつながっているので、難しいなあと感じている人も頑張って読んでくれると嬉しいです。

何百年も日本で続いている「世間」ですが、江戸時代は「世間」は特に強いものでした。

江戸時代、人口の85％が農民でしたが、農民は「村」に住んでいました。

「村」では、世間の５つのルールはとても強く、絶対の命令でした。村はひとつにまとまる必要があったので、この５つのルールを守ることが厳しく求められのです。

どうしてかというと、理由は二つあります。

ひとつは、お米を作るためには、村全体で田んぼへの水をちゃんと分け合わないといけなかったからです。

雨の少ない夏に、どこかの家が勝手に自分の田んぼに水を入れてしまうと、他の田んぼが干上がって、村全体が滅んでしまいます。なので、みんながまとまって「川から水をどう引いてきて、どの順番で、全員の田んぼにどれぐらいの水を分けるか」を決定しました。それが、生きるか死ぬかの大問題だったのです。

二つ目の理由は「年貢《ねんぐ》」のためです。

「年貢」は習いましたか？　そうですね。農民が武士たちに払う税ですね。

年貢は村単位でした。家単位でも個人単位でもなかったのです。分かりますか？

個人単位なら、自分が年貢を払えば終りです。家単位なら、家がまとまって年貢を払えばいいのです。でも、村単位ということは、誰が働こうがサボろうが、とにかく、村全体として米俵２００俵を年貢として出せと命令されたのです。

A村に家が20軒あって、それぞれが同じぐらいの田畑を持っているのなら、分担して各家10俵の年貢を出すことになります。

みんながちゃんと自分の仕事をしたら問題はないですが、誰か一軒が働かなかったら、村は大変なことになります。いくら働かなかったあいつが悪いと言っても、年貢が１９０俵しかなかったら村全体の責任になってしまうのです。村人全員が罰せられます。たった一軒がちゃんと働かなかっただけで、です。他の村人はなにも悪くないのに。

なんだか学校の「班活動」で、一人ができなかったり忘れものをしたら全員の責任になるのと似ていますね。

だから、日本人は何百年ものあいだ、水と年貢のために、ひとつにまとまることを目指したのです。

「世間」のはじまり

「世間」の５つのルールは、村がひとつになりやすくするためのルールです。

村の長老がなまけている若者に「働け！」という一言を言えば、年上がえらいので、絶対の命令になりました。

お互いの田植えを手伝い、共に一緒の時間を過ごすことで、同じ村の仲間だという意識が生まれました。

収穫が少ない時は、お互いに贈り物をして助け合いました。例えば、隣の家は父親がケガをして充分に働けず、５俵しか年貢を出せない時は、別の家が少しずつあげたりしました。

その代わり、次の年にはちゃんとお返しをするのが絶対のルールでした。

村独自の儀式やお祭があって仲間は団結し、隣村の奴らに負けないぞという意識が、村をますますひとつにしました。

この5つのルールを強くすることで、「世間」はますます強くなって、みんなひとつになったのです。

そして、これが重要なことなのですが、この「世間」のルールに従っている限り、村はあなたの面倒をちゃんと見てくれたのです。

父親がケガをした場合に助けるのはもちろんですが、嫁さんが見つからない若者には、村が一生懸命、相手を探しました。

村全体の家の数が減っては困るからです。20軒あったのに、お嫁さんがこなくて1軒なくなってしまったら、1軒当たりの年貢の負担が増えてしまうのです。

だから、家が1軒でも減らないように、村はお互いが助け合いました。

田植えの時期に風邪を引いて寝込んでしまったら、他の家が助けました。それは村全体の年貢をちゃんと払えるようにするための「助け合い」でした。

ここから、日本人がなにかあると口にする「絆《きずな》」とか「団結」「心をひとつに」という特徴が生まれたと僕は思っています。

何があってもひとつにまとまることが大切なんだ、仲がよいことはそれだけで素晴らしいことなんだという価値観が生まれたのだと思っているのです。

ここまで来て、気付きましたか？

「世間」があるからこそ、「みんな仲よく」とか「同質性」とか「同調圧力」が生まれたのです。

すべては「世間」が理由だったのです。

江戸時代にとても強かった「世間」はまだまだ残っていて、「みんな仲よく」も「同質性」も「同調圧力」も残っているのは、今まで書いた通りです。

いじめと村八分

この「世間」のルールにそむくと、激しい罰《ばつ》を受けました。

「村八分《むらはちぶ》」という言葉を聞いたことがありますか？

あなたが十代だとないかもしれませんね。

村で「世間のルール」を破ると、村人はそのルールを破った家族と口をきかなくなりました。完全に無視です。相手にもしないし、取り引きもしないし、困っていても助けません。

その家族がどうなろうが関係ないのです。

ただ、火事の時と葬式の二つだけは手伝うから「村八分」なのです。

と言って、優しいから手伝うのではありません。火事は消さないと村全体に広がるからしょうがなく手伝うし、葬式は死体をそのままにしておくと腐って伝染病が流行ってしまうので、手伝うだけです。

それ以外は、相手がどうなろうが関係ないのです。

話はちょっとそれますが、世界中で「いじめ」はあります。

でも、日本にしかない「いじめ」があります。なんだと思いますか？

それは、クラス全体で一人をいじめるというものです。

クラス全体で一人を透明人間にして、相手にしない、口をきかない、といういじめは世界中で日本だけです。

クラスが強力な「世間」になって、「仲間外れ」を作るのです。

まさに現代の「村八分」ですね。

クラス全体で一人をいじめて自殺したとしても、お葬式には参加するでしょう。教室が火事になったら、さすがに、みんなで逃げるでしょうしね。

私たちの体には「世間」というものが染み込んでいる、というのはこういうことです。

ちなみに、海外の「いじめ」は、いじめる人間といじめられる人間以外に、それを止めようとする人、黙って見ている人、楽しんで見ている人、怒って見ている人、いろいろです。クラスがひとつになることはないのです。

「世間」が強力なのはいいことじゃないか、とあなたは思いましたか？

「みんな仲よく」でいいじゃないか、それは素晴らしいことなんだと思いましたか？

「絆」とか「団結」とかを目標にしていると、ひとつ、困ったことが起こってきます。

それは「個人」より「集団」を大切にする人が増えてくるということです。

江戸時代はまだそれでもよかったのかもしれません。

でも、今は前述してきたように私たちは一人一人、多様化して違ってきています。

なのに、「集団」を一番に考えてしまうと、各人の価値観とか好みとか考え方を無視するようになるのです。


海外の学校から日本の学校に転入してきた日本人生徒が驚くのは「班活動」（グループ学習）の時の「班の責任」という考え方です。

「班のうち一人ができなかったら班全体の責任」というのは、「みんなが協力して助け合う」という美しい考え方を伝えたいのでしょうが、特定の生徒があんまりできなくて、いつもその生徒のせいで班全員が責められることが続くと、だんだん助け合いからいじめへと移っていくことはみんな知っています。

「班活動」をして、「班の責任」を問題にするのは、結局は、「個人」よりも「集団」が大切ということを教えているのです。

海外の学校で、「個人であることの大切さ」を教えられた生徒は、「これってておかしくない？　集団でまとまるより、まず、個人としてちゃんとすることの方が大切じゃない？」と感じて、納得できないのです。

実際、社会に出れば私たちは一人一人個人として生きていかなければなりません。

もう江戸時代の村のような、私たちを助けてくれる強力な「世間」はないのです。

それでも、昭和の時代の大企業は、江戸時代の村のように、「一度就職したら死ぬまでずっと面倒みるよ」「年齢で順調に給料は上がっていくよ」と、集団として守ってくれるシステムでした。

でも、そんな大企業のシステムはもうないのです。

一人一人が違う価値観を持って、多様性に向かって、現代は進んでいるのです。

でも、繰り返しますが、私たちの体には、古い「世間」がしっかりと残っています。

「みんなと同じであること」「他の人と違うことをしないこと」「集団の中で浮かないこと」が大切なんだと、つい考えてしまうのです。矛盾してますね。

年上っていうだけで、今だに先輩を大切にしないといけないと思うでしょう？　小学生の時はランドセルを背負ったでしょう？　なんとなく一緒にいないと仲間って感じがしないでしょう？　長年続いた文化はなかなか変わらないのです。

でも、「個人」より「集団」で考えることはおかしいと考える人が確実に増えてきていることは間違いないです。

断るのが苦手な日本人

そして、「世間」が強く残っていると、「人の頼みを断れない」というやっかいなことも起こります。

あなたは人に何か頼まれた時に「嫌だなあ。やりたくないなあ」と思っていても、なんとなくうなづいたり、うやむやのまま引き受けたりしませんか？

日本人は人の頼みを断るのがとても苦手だと僕は思っています。

知り合いのアメリカ人は、人から頼まれてもやりたくない時は、微笑みながら「それはできない」と言います。断るのに微笑んでいることを見た時は、僕はびっくりしました。

日本人が人の頼みを断る時は、たいてい、すまなそうな顔か苦しそうな顔をします。微笑みながら断るなんてことがあるんだっ！　と驚いたのです。

どうして、日本人は人の頼みを断るのが苦手なのか？

それも「世間」と関係があるのです。

村で長老から、「もっと早起きしろ」と言われた若者Aがいたとします。

長老は、ただ若者Aに文句を言ったのではありません。

長老は「早起きして働けば、お米はたくさんとれる。そうすると、おまえは年貢に苦しまなくてよくなる。それだけではなく、余ったお米で収穫が少なかった家が助けられるだろう。他の家を助ければ、来年は他の家がおまえを助けるだろう。お互いに助け合う関係が生まれる。だから、早起きすることで、おまえは『世間』の一員として認められ、おまえは幸せになるのだ」と言いたかったのです。

つまり、「世間」では、どんなことを言われても、「めぐりめぐれば、自分のために言ってくれてるんじゃないだろうか」と思えるのです。

それが「世間」の頼みごとやアドバイスの特徴です。「隣の家の田植えを手伝ってくれ」「道路の石を取り除いてくれ」「山の木を切ってくれ」というのも、すべて、「そうすることで、『世間』はお前を受け入れ、お前が困った時には、ちゃんとお返しをするから」という意味があります。「だから、文句に聞こえるかもしれないけれど、めぐりめぐれば、お前のために言っているのだ」と考えてしまうのです。

私たち日本人が他人の頼みを断ることがとてもヘタなのは、この「体に残っている『世間』の記憶」が理由なのです。

「明日、一緒に買い物に行ってくれない?」と友だちに言われた時、「この人は私のためを思って言ってくれてるんじゃないだろうか。だとしたら、それを断るのはものすごく申し訳ない」と思ってしまうのです。

本当はそんなことはないかもしれません。ただ友だちは淋しいから言ってるだけかもしれません。あなたじゃなくて、誰でもよかったのかもしれません。でも、「私のために言っているんじゃないだろうか」と思ってしまうのです。

アメリカ人が微笑みながら断れるのは、相手が「社会」つまり、自分とは関係のない人だとわかっているからです。

一度、日本で働くドイツ人の店長さんが、文句を言う客に「帰れ！」と叫んだというニュースがネットに出ていました。

そんなに文句を言うなら、もうあなたは客ではない。ただの他人だ。だから帰れと。言われた日本人の客も、横で混乱していた日本人の店員もあ然とした、とニュースは告げていました。

日本人は、つい「世間」の人だと思って、客のわがままを聞いてしまいます。本当はドイツ人の店長さんのように、お金を返せば、お客でもなんでもないのです。「社会」に生きる他人なのです。

だから、「もう、この人の話を聞く必要がない」と思ったら、簡単に「帰れ！」と言えるのです。

そして、「世間」の問題が一番やっかいなのは、21世紀の現在、『世間』は中途半端に壊れている」ということです。

先輩の例を出しましたが、中には、「いや、私は先輩だっていう理由だけでは尊敬しない。立派な先輩は尊敬するけど、ろくでもない先輩は全然尊敬しないし、言うことも聞かない」という人もいるでしょう。

江戸時代に強力だった「世間」は、明治からゆっくりと壊れながら、でも完全になくならないまま、中途半端に残っています。

日本のいろんな地域で、いろんな学校で、いろんな会社で、いろんな場所で、とても強い「世間」が残っている所もあれば、弱い「世間」になっている所もあります。

あなたのおじいさんやおばあさんが「世間に顔向けできない」とか「世間様になんて言われるか」と言ってるのを聞いたことがありますか？「世間体《せけんてい》が悪い」も言いますね。「世間体」は、「世間」からの評判ですね。

田舎に行けば行くほど、この言い方をする人が増えます。田舎は「世間」が強く残っているのです。

都会では、「世間」は弱まる傾向にありますが、それも場所や会社、学校によります。

コロナ禍で、人々はまた「絆」とか「団結」「ひとつになる」ことを求め始めて、弱まった「世間」がまた強化されたりしています。

人々は不安になって、自分たちが属する「世間」を強化し、守ろうとしたのです。「世間」が強まれば、「同質性」が強まり、「同調圧力」も強まります。

恐ろしい「人情のルール」

さて、「世間」と「社会」について、ざっと駆け足で説明しました。

なんとなく分かってくれたでしょうか。

「親の期待に応えないと罪悪感を覚えるから」ということを説明するためには、どうしても、「世間」と「社会」の仕組みから話す必要があったのです。

それでは聞きますが、「家族」は「世間」だと思いますか?

欧米では、「社会」の反対語が「家族」です。

欧米では、子供が犯罪を犯しても、子供は子供、親は親だと思ってますから、子供の犯罪を親が謝るということはしません。

あまりに幼いと別ですが、ある程度の年齢になったら、親は親、子供は子供と分けるのです。親が謝ると逆に不思議な目で見られます。

それどころか、時には、親は堂々と子供をかばいます。

子供が銀行強盗をした場合でも、テレビに顔を出して「息子は仕事がなくて追いつめられていた。とても貧しいという事情があったんだ」なんて語ります。そういう親を欧米では責めません。親は子供の側に立つだろうと思っているからです。

「社会」は知らない人同士が集まった世界ですから、そこでは、「法がルール」になります。

この「法のルール」を破ると、法律違反ですね。刑務所に入ったり、罰金を払ったりします。

「家族」は、「愛情がルール」になります。「子供を愛している」「親を愛している」がルールです。だから、「社会」の「法のルール」を犯した息子をかばう親は、責められないのです。みんな、母親は「愛情がルール」と知っているのです。

日本では、子供が犯罪をおかすと、親が謝ります。ひどい場合は、親が「おわびする」と言って自殺したケースがいくつもありますす。びっくりしましたか？

親と子供が別々ではなく、ひとつに見られているのです。

ですから、日本では「親子心中」（多くは「母子心中」です）というものがいまだにあります。

海外から見たらこれは「殺人」です。でも、「この子を残して私が死んだら、この子は不幸になる。だから一緒に死のう」と日本の母親は思うのです。

マスコミも、「母子心中」というものを報道する時に、母親だけが死んだケースでは「母が死に、子供が残された」と伝えます。「子供は死ななかった」ではなく「残された」と言うのです。

つまり、子供は「親の付属物」と思われがちなのです。「付属物」とは、本体についてくるものです。スマホに対してのスマホカバー、ジャイアンに対するスネ夫、メガネに対するメガネ拭《ふ》き、ですね。

どうして、子供は母親の付属物だと思われるのでしょう？

付属物ということは、子供は「個人」じゃない、ということですね。

一人の人間が、「個人」じゃないと思われるのは、どこでしたか？　そう、「世間」ですね。


「社会」は「法のルール」、「家庭」は「愛情のルール」と言いましたが、知っている人間が集まった「世間」は何がルールだと思いますか？

じつは、「世間」は「人情がルール」です。気持ちですね。

「人情がルール」ということをあなたはどう思いますか？

良いこと？　悪いこと？

じつは両方あります。

良い面は、「みんなが困ってるんだ。ここはひとつ、がんばってやっちゃおう！」なんて、気持ちで動く面です。

東日本大震災の時、ズタズタになった道路が一週間で完全に復活して、世界中から奇跡と言われました。ネットでは、ズタズタになった道路と一週間後の完璧な道路が「ビフォー・アフター」で並べられました。

この道路を直した人たちの中には、たぶん、震災で家が壊れた人や家族・親戚が行方不明の人がいたはずです。

それぞれに事情があったと思います。

なのに「今一番大切なことは、みんなのために道路を直すことなんだ。やるぞ！」という「人情のルール」で働き続けたのです。

「法のルール」だったら、一日にこれ以上働いてはいけませんとか、家が壊れているのなら休みをとって下さいと、なったはずです。それをみんな「人情のルール」で働いたのです。

悪い面はなんでしょうか？

コロナ禍の時、「コロナにかかったと言われて周りから責められて、住めなくなったので引っ越した」という人がいました。田舎になればなるほどいました。

引っ越さなければ責められるのは、言ってみれば「人情のルール」です。

でも、引っ越した先で、「あの家族はコロナにかかったことがあるそうだ」という噂が流れれば、また、そこにも住めなくなる可能性があります。

犯罪を犯した人は、刑務所に入ったり、罰金を払ったりしたら、それで終わりです。それ以上、責められることはありません。それが「法のルール」です。

「人情のルール」は、「法のルール」と違って終わりがないのです。コロナにかかったということで、いつまで責められるか分からないのです。

「人情のルール」のマイナス面は、とても恐ろしいのです。

「罪悪感」の正体

さあ、ここで「家族」は「世間」なのか？　という質問に返ってきましょう。

「家族」は「愛情がルール」だと言いました。

「家族」が愛情をもとに関係を作っている場合は、「世間」ではありません。

例えば、第４章で出した「子供が無名の大学に入った場合」を考えてみましょう。

この時、ご近所さんから笑われたとしても、親が「周りの目なんか関係ないの。私はあなたが大好きだから。よくがんばったわね」と言えば、それはまさに「愛情がルール」の家族です。

でも、もし、親が「近所に笑われて恥ずかしい」「近所の目が痛い」「世間体が悪い」と思ったとしたら、それは「愛情がルール」ではなく、隣近所に対する「人情がルール」になります。

つまり、「家族」が「世間」になってしまうのです。

本当は、「社会」「世間」「家族」と別々に存在することが一番、健全だと思います。「知らない人たち」「知っている人たち」「家族」の三つの世界を、適度なバランスで生きるのが、人間にとって快適な生活でしょう。

でも、一番不幸なパターンは、「社会」がなく、「世間＝家族」となってしまうことです。

「家族」が強力な「世間」になるということです。

こうなった家庭は、特徴が「世間」そのものになります。

親は年上だから無条件でえらくなってしまいます。なにを言っても聞かなければいけないと子供は思い込んでしまうのです。村の長老の言葉のように、親の言葉を感じるようになるのです。その言葉に逆らうと、大切なまとまりを壊したような気持ちになります。一番大切なものを裏切ったような感覚になります。

これが「罪悪感」です。

「親の期待に応えないと罪悪感を覚える」という時の「罪悪感」の正体はこれです。

親の期待に背いた時や親の期待を無視した時、「悪いな」とか「申し訳ないな」と感じるのは、「愛情がルール」の時でも起こります。

でも、「罪悪感」という強い感覚は、家庭で「世間」の割合が強くなっている証拠です。

その時、子供は親の付属物になっている可能性が高いのです。

「個人」ではなく、家族の（たとえ母親や父親一人の場合でも）付属物にされている可能性が高いのです。

「罪悪感」が強ければ強いほど、家庭は「世間」になっていると思って下さい。

この「罪悪感」は、あなた個人の問題ではなく、この国の文化そのものとつながっているのです。

ですから、この「罪悪感」を取り除くことはなかなかやっかいです。

でも、「どうして罪悪感を持つのだろう」というカラクリを知ることはとても大切だと僕は思っています。自分が苦しめられているものの正体を知ることは、苦しみを和らげる一歩だからです。

だって、敵が誰だか分からないというのが一番怖いし、やっかいでしょう。

「敵だ！」「どんな奴だ？」「分かりません！　とにかく敵です！」「どこからだ？」「分かりません！　とにかく敵です！」……これは怖いです。

「敵だ！」「どんな奴だ！」「ナイフを持った男が５人、後ろの草むらからです」……これだと、怖いは怖いですけど、戦い方が分かります。

あなたが「親の期待」に応えないと決めた時、あなたの心の中に浮かび上がる「罪悪感」は、あなた個人の弱さとかずるさではなく、この国が伝統的に作ってきた文化の形だと分かれば、戦い方はあると思うのです。

そのために「世間」の5つのルールを詳しく紹介したのです。

家族という「世間」との接し方

悲しいことですが、近所や親戚、周りの評判を親がとても気にすると、「家族」は「世間」になります。そうすると、あなたは親から「世間」のルールと同じことを求められるようになります。

まずは「親の言うことは聞け。なぜならば、親だからだ!」という「先輩の言うことは聞け。なぜなら先輩だからだ」と、まったく同じことが起こります。

それに対してどうしたらいいかは第2章で書きました。

「親のアドバイス」と「親を大切すること」を分けるということですね。

「世間」になればなるほど、親は一緒にいることを求めてきます。2番目のルール、「同じ時間を過ごすことが大切」ですね。

でも、第2章で書いたように、あなたと親は「他者」になっていくのです。それぞれが自分の目的を持って別々の時間を過ごすことが「健康的に自立する」ことなのです。

同じ時間を過ごすことが親子の証明ではないのです。

やがてお互いが成長すれば、時間がつながることではなく、心がつながることが大切だと分かってくるでしょう。たとえ一緒に過ごす時間が少なくても、その時間に何をしているかが大切なのです。

3番目の「贈り物が大切」は、いつまでも、親にもらってばかりいては自立できないということです。

お手伝いをしてお金をもらうとか、おこずかいをためて欲しいものを買うとか、できるバイトをするとか、親に頼らない方法を見つけていくのです。

とにかく親は贈り物をすることで、あなたを同じ「世間」の一員につなぎ止めようとします。

自立し「他者」になるためには、その関係を徐々に変えていきましょう。

4番目の「ミステリアス」は、その家族だけの謎ルールがうまれ、それを意味なく守るようになる、ということです。

でも、「1年に1回、いつものレストランにみんなで行って、同じメニューを食べる」なんていう「どうして始まったのか分からないんだけど、家族全員が好きでやっている」というようなことは素敵だと思います。

でも、「どうしてこういうふうにしなければいけないのか?」「この手順にどんな意味があるのか?」と感じたら、問いかけることです。

その理由に納得できればいいし、納得できなければ、もっといいやり方はないか考えましょう。

家族だからとあいまいにしていると、お互いが不幸になります。

「若くして結婚して専業主婦になったから人生つまらない」というのも、実はミステリアスな謎ルールです。どこにも根拠がないのです。

押しつけられそうになったら、ちゃんと考えて反論するのです。

5番目の「仲間外れを作る」は、家族の中で仲間外れを作る場合と、他の家族の悪口を言ったり、攻撃して、家族の絆を深めようとする行動です。

「みんな仲よく」するために、「みんな以外の敵」を作るというのは、じつに分かりやすい方法ですが、良い方法ではないと思います。

親が「隣の○○ちゃんは、ダメよねえ」と言い出したら、すぐに部屋に逃げ込みましょう。そんな方法でしか家族の絆を強められないのなら、強めない方がいいのです。


最後にもう一度、くり返します。

あなたと親は、ゆっくりと互いに「他者」に成長していくのです。

あなたはあなたの人生を幸せに生き、親は親の人生を幸せに生きる。

「愛情がルール」の場合でも、「人情がルール」の場合でも、やがて「健康的に自立すること」を目指すのです。

さいごに

どうですか？

「親の期待」に応えてしまう気持ちが少しは楽になったでしょうか？

「家族」が「世間」になるということは、あなたが「個人」ではなく、「集団」の付属物としてみられてしまうということです。

「自我」という言葉をこの本の中で使いました。自分が自分である感覚ですね。

この反対語は「集団我《しゅうだんが》」です。

自分という「個人」を信頼するのではなく、「集団」を信頼して、自分よりも集団の方を大切にする考え方です。

じつは「集団我」の方が楽なこともあるのです。

第3章で紹介した「特に自分に目標があるわけではないから。他に選択肢がないから」という状態も、集団に身を任していると問題ではなくなります。

自分では考えないで、集団が目標とすることをやっていけばいいのです。

スポーツチームでも友だちのグループでも、「個人」で判断しないで「集団」の判断にまかせていれば楽でしょう?

家族にも同じことが起こります。

親の「付属物」として扱われることは楽なのです。

親が全部決めてくれて、親の言う通りに従って、親がするなということは絶対にしないで、親の期待だけに応えていたら、何の問題もなく人生を送れるでしょう。

ただし、あなたが「個人」として、何かをしたいと思わない限り。

あなたが親とは違うものを好きになり、親とは違うことをしたくなり、親の期待とは違うことが目標になり、親とは違う生き方をしたいと思うようになった時、親の「付属物」である生き方はあなたを苦しめます。

そして、あなたは親ではないのですから、いつか間違いなく、親とは違う生き方をしたいと思うようになるのです。

その時に、無意味な「罪悪感」を持たないようにしてほしいから、この本を書きました。

その時に、「私は親を裏切ったひどい子供だ」という間違った思い込みを持たないでほしいから、この本を書きました。

あなたの人生はあなたが決めるのです。

親ではありません。

そんなシンプルで当たり前のことを伝えたくて、僕はこの本を書きました。

あなたの自立を心から応援します。

2021年3月

鴻上尚史

鴻上尚史(こうかみ・しょうじ)
作家・演出家。1958年、愛媛県出身。「朝日のような夕日をつれて」(87)で紀伊國屋演劇賞、「スナフキンの手紙」(95)で岸田國士戯曲賞、「グローブ・ジャングル」(2010)で読売文学賞戯曲・シナリオ賞などを受賞。また、『COOL JAPAN』(NHKBS1)などのテレビ出演、旺盛な執筆活動でも知られる。主な著書に、『「空気」と「世間」』(講談社現代新書)、『「空気」を読んでも従わない』(岩波ジュニア新書)、『鴻上尚史のほがらか人生相談』(朝日新聞出版)、『同調圧力』(講談社現代新書)、『何とかならない時代の幸福論』(朝日新聞出版)などがある。

帯イラスト　藍にいな
デザイン　TYPEFACE
販　売　竹中敏雄　　宣　伝　細川達司
編　集　下山明子

小学館 YouthBooks

親の期待に応えなくていい

2021年4月6日　初版第一刷発行

著　者　鴻上尚史
発行人　小川美奈子
発行所　株式会社 小学館
〒101-8001 東京都千代田区一ッ橋2-3-1
電話　03-3230-4265(編集)
03-5281-3555(販売)

印刷・製本　大日本印刷株式会社

ISBN978-4-09-227284-2